DEDICO ESTE LIBRO A

DANIEL J. BECERRA

Fíate de Jehová de todo tu corazón, Y no te apoyes en tu propia prudencia. Reconócelo en todos tus caminos, Y él enderezará tus veredas. No seas sabio en tu propia opinión;
Teme a Jehová, y apártate del mal; Porque será medicina a tu cuerpo, Y refrigerio para tus huesos.

Proverbios 3:5-8

En las relaciones de padres e hijos, los problemas siempre comienzan con la mala comunicación, es por eso que el Proverbista nos hace una gran recomendación: ... "El sabio habla poco y el inteligente se sabe controlar..." Proverbios 17:27.

La mala comunicación llega a ser la base que impide la resolución de otros conflictos entre ambas partes. Este problema llega a manipular la relación de tal manera que desencadena actitudes de oposición, problemas de convivencia, falta de respeto, violencia, entre otros. Como padre y como hijo; se me presentaron dos opciones en la vida: #1 Repetir un patrón tóxico para dañar a los seres que amo, ó #2 Reajustar mis acciones y renovar mi conocimiento para proteger a los seres que amo. Mi mejor decisión fue: reajustarme y renovarme para disfrutar; a lo que hoy llamo mi mejor posesión, "Mi Familia". En este libro Daniel toca puntos muy importantes para lograr una comunicación sana y así construir relaciones sin resentimientos. Más que un libro, es una guía llena de herramientas y respaldado totalmente por la palabra de Dios que es perfecta y nos guía a toda verdad.

— James Pérez
Autor de los libros: "Escrito está",
"Los 3 Lugares donde Satanás te quiere Maldecir",
"60 Minutos con Dios".

Cuando leí los primeros capítulos de este libro me emocioné mucho al encontrar herramientas de gran ayuda para que las relaciones entre padres e hijos mejoren. Todos sabemos que no hay padres ni hijos perfectos, pero para eso existe el conocimiento; para empaparnos de él; y de esa manera actuar con Sabiduría y Prudencia en la crianza de nuestros hijos y así por ende; terminar con los ciclos tóxicos que han enfermado nuestras relaciones familiares. Daniel no solo habla como hijo; también habla como un padre; es decir, escribió desde dos ángulos muy importantes para construir relaciones sanas y no relaciones que sean Puños entre familia, si no Espadas en contra del enemigo.

— Samara Pérez
Autora de los libros: "Declaraciones de Vida para la Mujer",
"60 Minutos con Dios".

Cuántas veces nos podemos disculpar por no tener la educación, la información o los recursos para mejorar nuestra vida como padres. En este libro vas encontrar tremenda información que te va inspirar a ser un mejor padre, una mejor madre ¡te va retar a que seas una mejor persona!

He conocido a Daniel desde que tenía 8 años y he visto la mano de Dios obrar sobre su vida a través de los años. Se puede sentir la inspiración de Dios mientras leía las páginas de este libro con temas muy apropiados para nuestros tiempos. ¡Cada padre debería tener este libro en sus manos! ¡Invierte en tu vida para que así también puedas invertir en la vida de tus hijos! Nuestros hijos son un regalo de Dios y es nuestro deber discipular e instruirlos para que sean mejor que nosotros. El libro, Puños a Espadas es un 'abre ojos' que tiene mucha información y buenos consejos para toda la familia.

—M.ED, VICTOR B. CALDERON

Profesor en el Colegio Central de Seattle
Autor del Libro: "#Animo".

Al empezar a leer los primeros párrafos me gustó mucho la temática del libro. Si como padres pudiéramos entender las mochilas emocionales que ponemos sobre nuestros pequeños hijos. Cuando somos niños se nos pide no quitar la costra de nuestras heridas físicas porque estas ayudan a la curación, sin embargo, nadie nos ensena a sanar nuestras heridas emocionales del alma, como dice en (3 Juan 1:2). Amado, yo deseo que seas prosperado en todo, así como sana tu alma.

¡Muchas de esas mochilas emocionales no son nuestras! Son de nuestros padres o abuelos. Estudios de una Universidad de Chile revelan que las familias multi-problemáticas y en la pobreza en 16 países de Latinoamérica se heredan hasta 3ª y 4ª generación; la desorganización, dinámica y comunicación. El abandono de funciones parentales donde no hay apego y vinculo seguro con los niños y cuidadores primarios; Entre las experiencias difíciles que la niña/o puede enfrentarse en el mundo, destaca el miedo al abandono. ¿Ahora qué pasa cuando se carga el miedo al abandono de maleta en maleta?, cuantos no fueron abandonados después de la concepción, maternal, kínder, primaria y en la vida adulta numerosos comportamientos como la codependencia tiene que ver con la herida de abandono.

Otro de los graves problemas es la comunicación, nos quejamos que es mala o no la tenemos, sin entender que siempre nos estamos comunicando de manera verbal o no verbal. La mejor manera de mejorar la comunicación en pareja o familia es ayudándolos a ser sensatos de lo que ocurre durante el proceso de comunicación, lo que incluye las formas no intencionadas de comunicación que a menudo se producen a nivel subconsciente/automático.

En toda familia es importante tener este libro, una excelente herramienta para educar, corregir, ensenar y guiar. Gracias hno. Daniel Becerra por este libro.

—PSICOLOGA. María Isabel Olmos Ojeda
Perito en Evaluación de Violencia Domestica
Mtra. Terapia Familiar & Pareja
Tanatóloga

Puños A Espadas

COMO CORREGIR LOS PROBLEMAS ENTRE PADRES E HIJOS

DANIEL J. BECERRA

Puños A Espadas

Por Daniel J. Becerra

Contacto con Autor: <u>becerradaniel22@gmail.com</u>

Edición y corrección por <u>Editorial REDIME</u>.

Diseño de Portada por Daniel J. Becerra.

ISBN: 9798869301673
Impresion: Publicación Independiente

Dedico este libro:

A Dios que cada día muestra su amor,

misericordia y bondad hacia mi vida.

A mi esposa Wendy, por amarme y apoyarme

en todos mis proyectos.

A mi Hija Aylani por ser el Motor de mi Vida

A todo hijo y padre que desea tener una excelente relación entre familia

Contenido

ROMPIENDO PARADIGMAS

Cambiar la cultura y el estilo de vida no es fácil, por el contrario, es el reto más difícil para aquellas personas que han ejercido con determinada constancia la práctica de hábitos engendrados con el paso del tiempo.

Los que ahora son padres, como hijos miraron la administración familiar de sus padres y de ahí guardaron las reacciones que ellos expusieron a la vista, tanto negativo como positivo. Las acciones de los padres en presencia de sus hijos nunca se borran, es ahí que se establecen lo que llamamos "Hábitos engendrados" o culturas tradicionales.

Estas tradiciones se convierten en cultura porque no hay un cambio; los padres machistas maltratan a las madres con palabras y acciones ofensivas; a los hijos, con palabras de desánimo y desaliento causando inseguridad y traumas en su mente.

Jesús habló sobre esto diciendo: *"Si alguno de ustedes quiere ser mi seguidor, tiene que abandonar su propia manera de vivir, tomar su cruz cada día y seguirme" (Lucas 9:23 NTV).*

Estas palabras son importantes cuando se trata de ser como Jesús, dado que la razón por la cual cambiamos es porque queremos ser mejores personas, agradar a Dios con nuestra manera de vivir y ser lo que marca la diferencia en la vida de los demás; y para eso, Jesús dijo que tenemos que abandonar nuestra manera de vivir. Esto es importante enfatizarlo, porque cuando decidimos abandonar, estamos abriendo una puerta para cambiar y dando a Dios la oportunidad de renovar nuestra mente (Romanos 12:2).

Cambiar de mente es cambiar de estrategias, es cambiar la ruta de nuestro camino, es reiniciar una vida nueva. Esto es importante cuando queremos hacer un cambio en nuestra vida. Sin embargo, es necesario que día a día tomemos nuestra cruz y pongamos ahí las tradiciones, las costumbres que dañan a los hijos, las heridas del pasado, las palabras que algún día hirieron el corazón de aquel niño que fuiste.

Es necesario romper los paradigmas que maldicen a las familias. Es urgente deshacerse de las ideologías que nos estancan y que no nos permiten avanzar. Generaciones han sufrido por causa de ciertas creencias que se han culturizado con el tiempo, y por ende, muchos padres fracasan a la hora de criar a sus hijos, porque no hubo una disposición de cambiar las reglas o los hábitos que vieron. Es decir, los padres e hijos de la actualidad están repitiendo el mismo patrón tóxico que tiene más de una década o un siglo de existencia.

Pensar que los padres no necesitan disculparse con sus hijos por las malas palabras, acciones y el mal ejemplo, es un paradigma que necesita ser roto. Por causa de este pensamiento es que muchos hijos de padres cristianos están sometidos y esclavizados en las drogas, en el alcohol y en todo tipo de vicios que hacen daño. Por paradigmas como estos, es que muchos hijos pierden la fe en Dios, porque no hay padres viviendo y obrando como Jesús, sino creyentes con poca práctica bíblica.

En este libro Dios quiere abrir tus ojos, quiere enseñarte a salir de tu zona de confort para que puedas ver la realidad de tu administración familiar. Necesitas salir de tu comodidad para poder solucionar el problema. Ya hemos visto a miles de jóvenes y adultos perder la vida por causa de las drogas, las adicciones y el pecado que ofrece el mundo. Es hora de que hagamos la diferencia.

Este libro está especialmente elaborado para que puedas ver desde una perspectiva sana y clara los problemas que estás teniendo. Para crear un problema en la vida se necesitan dos personas. Dentro del problema o el trauma que tiene a los hijos en los vicios y en la perdición, los padres tienen culpa de la mala administración y mala conducta que a veces ejecutan a la hora de un enojo o un desespero, esto los hace dudar si realmente existe un Dios en el cielo; cuando sus padres podrían estar poniendo el ejemplo, sin embargo, sus acciones van en contra de los principios bíblicos.

Para solucionar un problema desde la raíz, se necesitan muchas agallas y honestidad en el corazón. Solamente así es que se puede lograr la sanidad y la salvación. No hay otra alternativa para el mejoramiento de la familia. Jesús es el camino, la verdad y la vida, solo por Él es que podemos mejorar como personas y ser seguidores de la fe.

Romper los paradigmas no es opcional, bíblicamente nos invita y nos obliga a entender que sin un cambio de mente no se puede conocer el pensamiento amoroso de Dios (Romanos 12:2). Necesitas dejar que Dios te transforme, cambiando tu manera de pensar para que puedas ver cual es su voluntad agradable y perfecta, de otra forma solo continuarás con los problemas y el estrés de la vida.

Considera este libro como un jarabe, o una medicina espiritual y emocional, para causar un impacto en las vidas de tus hijos, haciendo la diferencia en la relación que estas teniendo con ellos. Basta de tener que pelear por cualquier cosa insignificante.

 ¡Mejor hay que aprender a ser personas de bien, de buena conducta y fe!

Rompiendo los paradigmas que nos detienen, es la puerta de escape para todo aquel que ya está harto de vivir una vida llena de inseguridades, maltratos y confusiones. Romper los patrones de una cultura pobre y mediocre, hace una resonancia a través de las acciones y las palabras. Como padre debes ser sincero contigo mismo y meditar en las fallas que has cometido; pero no solo hasta ahí, sino que debes actuar con responsabilidad por todo lo que has hecho.

Este libro te enseñará cómo comunicarte con tus hijos sin la necesidad de ofender, agredir o hacer de menos a nadie.

¡Deja que Dios te transforme cambiando tu manera de pensar! ¡Tus hijos lo valen todo!

Ellos no merecen a padres irresponsables, merecen que les demuestres que tú eres mejor que cualquier persona en la tierra. Rompe todos los lazos que te detienen a avanzar y crecer en tu vida. Desecha todo hábito o tradición que tus padres o antepasados te enseñaron. Si va haber un crecimiento, debe haber una disposición de crecer y operar cambios, de lo contrario, el proceso durará mucho más tiempo.

No te rindas, no te frustres. Todo el sacrificio que estás haciendo tendrá su recompensa, y en ella vendrá la paz y la tranquilidad a tu alma. ¡No te detengas! Hoy es tu oportunidad de comenzar tu vida desde cero para ser una nueva persona.

— DANIEL J. BECERRA.

GUIA DE LECTURA

Querido padre, es mi anhelo que puedas desarrollar tus capacidades al leer este libro; para ello quiero recomendarte la manera más efectiva para que puedas entender, analizar y desarrollar los pasos de este libro al cien por ciento. Jesús contó la parábola del sembrador que había salido para esparcir semillas en el campo. Estas referencias tomaron lugar de la siguiente forma:

Las semillas en el camino, donde había pájaros, vinieron y se las comieron.

- **Las semillas en tierra poco profunda;** con roca debajo de ella, pronto las plantas se marchitaron bajo el calor del sol, y como no tenían raíces profundas, murieron.

- **Las semillas entre espinos;** las cuales crecieron y ahogaron los brotes, y no produjeron grano.

- **Las semillas que cayeron en tierra fértil produjeron** una cosecha que fue treinta, sesenta, y hasta cien veces más numerosa de lo que se había sembrado.

En este libro especialmente, deseo que seas de la tierra fértil que recibe la palabra, la pone en práctica y que produce frutos numerosos que te harán ser mejor cristiano, mejor padre, y sobre todo, un verdadero seguidor de Jesús.

Antes de cualquier cosa, asegúrate de haber leído la introducción, el prólogo y todo el contenido de inicio, esto hará que puedas entender el lenguaje, el propósito y el destino de este escrito. No se trata solo de leer y aprender algo nuevo. Este libro está diseñado para que puedas ir corrigiendo tus errores en el transcurso de la lectura, para que vayas cambiando hábitos y pensamientos que quizá algún día pensaste que eran correctos o necesitaban personalización de tu parte.

Te dejo algunas recomendaciones para que puedas entender el libro y aprovechar su contenido al máximo.

RECOMENDACIONES PARA EL LECTOR

1. Asegúrate de estar cómodo o tener el ambiente apropiado para de esa manera poder leer el libro de forma enfocada y con delicadeza.

2. Comienza una oración corta para recibir de la Palabra.

3. Asegura tener una pluma para tomar notas importantes.

4. Si no entendiste algo vuelve a repasar el párrafo, no continúes leyendo si no entendiste.

5. Si quieres subrayar el libro te aconsejo que utilices marcadores borrables o lápiz #2 por cualquier error.

6. Utiliza post-it para que puedas escribir notas en párrafos o en la hoja que deseas darle énfasis, de esta manera las ideas o revelaciones que tengas las puedes tener presentes.

7. Medita durante el día lo que leíste, y si recibes rema, escríbelas en una libreta.

PREGUNTAS PERSONALES PARA EL LECTOR

1. ¿Qué puedo aprender hoy?

2. ¿Qué propósitos tiene Dios en mi familia?

3. ¿Qué necesita Dios que cambie en mi familia?

4. ¿Qué puedo hacer para mejorar como persona?

5. ¿Cuál es mi Propósito?

6. ¿Cómo me miran mis hijos?

7. ¿Qué hábitos estoy haciendo mal en mi familia?

8. ¿Estoy satisfaciendo a mi familia como padre?

PREGUNTAS Y PROPÓSITO

PREGUNTAS

1. ¿En qué estado emocional se encuentra tu familia?

2. ¿En qué estado espiritual están tus hijos?

3. ¿Te has tomado el tiempo para compartirle a tus hijos la palabra y el amor de Dios?

4. ¿Qué estado civil tienen tus hijos? (¿En qué se encuentran distraídos?)

5. ¿Te has tomado el tiempo para salir a conversar con tus hijos?

6. ¿Qué hábitos cristo-céntricos tienes en tu familia?

7. ¿Quién influye en tus emociones personales?

8. ¿Cómo ves a tu familia de hoy en 5 años?

PROPÓSITOS

1. Crecer en relación íntima con Dios.

2. Madurar espiritual e intelectual en Dios.

3. Crecer y madurar en relación con los hijos.

4. Entender a los hijos y apoyarlos en sus momentos difíciles.

5. Cambiar de pensamiento para que la gloria de Dios se manifieste en la familia.

Escribe algunos propósitos personales para tus hijos

1._

2._

3._

Capitulo 1

La importancia del respeto mutuo.

Padres, no exasperen a sus hijos, para que no se desanimen.

Colosenses 3:21

Exasperar significa: Lastimar, irritar una parte dolorida o delicada.

Todos hemos escuchado a los padres decirle a sus hijos "Tienes que respetarme porque la Biblia dice 'Honra a tu madre y a tu padre para que tengas larga vida".

Son innumerables las veces que esta frase es usada como enseñanza de los padres hacia los hijos con el fin de que ellos entiendan la importancia de tenerle respeto moral hacia las personas quienes los están criando. Por lo regular los hijos pequeños acceden en obediencia a lo que sus padres le dicen y termina la discusión, pero quedan pendientes entre ambos.

El ex-presidente de la república mexicana Benito Juárez dijo en una ocasión "Entre los individuos, como entre las naciones, el respeto al derecho ajeno es la paz". Si algo es muy claro es que el respeto no es una dádiva, es algo que se gana con el tiempo tomando buenas decisiones de conducta y esfuerzo personal. Uno de los muchos problemas que encontramos en el ámbito cristiano es la repetición de versículos, pero la escasez de práctica. Leemos la Biblia, pero no la estamos poniendo en práctica. Esto es debido a que estamos ignorando la Palabra de Dios.

Hoy empieza una nueva etapa en tu vida, antes leías la Palabra solo por llegar a una referencia, ahora la referencias la vas a vivir día a día. Por eso nos dice: "No solo escuchen la palabra de Dios; tienen que ponerla en práctica. De lo contrario, solamente se engañan a sí mismos. Pues, si escuchas la palabra pero no la obedeces, sería como ver tu cara en un espejo; te ves a ti mismo, luego te alejas y te olvidas cómo eres. Pero si miras atentamente en la ley perfecta que te hace libre y la pones en práctica y no olvidas lo que escuchaste, entonces Dios te bendecirá por tu obediencia" Santiago 1:22-25 (NTV).

Es importante poner la Palabra de Dios en práctica para que las bendiciones no sean detenidas sino repartidas en multiplicación. Dios creó la familia con un diseño perfecto y parte de esas bendiciones son los hijos. Es necesario que entiendas que ellos no son un personaje extra para tu vida, son el fruto de tu ser, son seres que provienen de ti, tienen tu sangre y son de tu carne.

Tú fuiste bendecido el día que ellos fueron concebidos en el vientre que Dios te otorgó para que pudieras traer a este mundo a criaturas provenientes de ti. Es por eso que el salmista se refiere a la bendición de los padres con los hijos de una manera alegre diciendo:

"Los hijos son un regalo del Señor; son una recompensa de su parte. Los hijos que le nacen a un hombre joven son como flechas en manos de un guerrero. ¡Qué feliz es el hombre que tiene su aljaba llena de ellos!" Salmos 127:3-5 (NTV).

Por si no lo sabías, ¡eres bendecido! Dios te dio una de las bendiciones más valiosas en toda la existencia, que es tener a tus hijos. Ellos son la bendición que a muchos no se les ha permitido tener, pero tú que los tienes, ¡aprovéchalos!

Si hoy necesitas un motivo o una razón para cambiar la situación de relación con tus hijos, es el momento perfecto para que tomes en cuenta que son oro. Todo aquel que tiene en su posesión un objeto de oro, sabe que tiene que tener mucho cuidado con él ya que el oro es considerado uno de los metales más frágiles de entre toda la lista de metales. Esto significa que se debe de manejar con mucha delicadeza, mucho cuidado, siempre debe estar a la vista o resguardado en algún lugar seguro porque es de alto valor.

Tus hijos deben de ser el tesoro más valioso antes que cualquier cosa en la vida. Dios le dio a cada padre la responsabilidad de cuidar, proteger, enseñar, guiar y proveer todo lo que necesitan para ser personas de bien en esta vida. Parte de todo lo dicho, Dios estableció límites de honra a los cuales nosotros llamamos, respeto. Con respeto es que los seres humanos prestamos atención a quienes tienen conocimiento para poder aprender y ser mejores. El respeto no es una barrera o un escalón para que seamos alguien importante, es un barandal para que mantengamos la cordura y la disciplina siempre al alcance.

Muchas veces, hay personas que piensan que el respeto es algo que se gana por la edad y que por ello se puede usar como herramienta de manipulación para hacer lo que se les plazca. Esto es un error cultural que ha trascendido las generaciones sin que nadie le ponga un alto. Por esta razón generaciones pasadas y presentes han tenido batallas relacionales entre padres e hijos. Los padres han abusado de su autoridad segando semillas de odio, rencor, frustración, desesperación y muchas más. Es lamentable ver que los hijos han cosechado los frutos de esas acciones.

Dentro de todos esos frutos, vemos a hijos en la drogadicción, el alcoholismo y en lugares peligrosos a los cuales Dios nunca quiso que llegaran. Sin embargo, por seguir tradiciones culturales es que los padres han fallado en criar a sus hijos de forma sana, educada y con temor a Dios. Para lograr el objetivo de mejorar la relación entre padres e hijos es necesario dejar a un lado las creencias culturales que se oponen a la firme enseñanza de Jesús. Con lo dicho, Jesús hizo una declaración:

> *"Si alguno de ustedes quiere ser mi seguidor, tiene que abandonar su propia manera de vivir, tomar su cruz y seguirme. Si tratas de aferrarte a la vida, la perderás; pero si entregas tu vida por mi causa y por causa de la Buena Noticia, la salvarás" (Marcos 8:32-35 NTV).*

Jesús hizo una de las declaraciones fundamentales para todo aquel que quiera seguir sus enseñanzas, entienda que la única forma de seguirlas es dejar la vida entregada al mundo. Esta declaración es importante que cada padre y madre la tenga presente al criar a sus hijos. De esta manera la paz reinará en la familia.

Jesús destacó el mandamiento número uno entre todos los escritos en la Biblia el cual es *"Amarás a tu prójimo como a ti mismo" (Mateo 33:39 RVR1960).* El error de muchas personas es pensar que nuestro prójimo, nada más es la persona que conocemos de frente y que no tiene absolutamente nada que ver con nuestra familia. Sin embargo he ahí el error.

Pensar que nuestro prójimo solo son los hermanos de la iglesia interfiere la revelación completa de lo que nos dice el contexto. Es probable que te preguntes:

"Si no solo son ellos, ¿entonces quién más?"

La Palabra de Dios nos da una referencia concreta de que la salvación de todos es individual. Es decir, la salvación de tu pareja, y de tus hijos no dependen de ti sino de ellos. Esto significa que tu pareja e hijos son prójimos por los que Dios manda que debes amarlos como a ti mismo.

PREGUNTA FRECUENTE:

¿Cómo puedo respetar a mi hijo, sin perder el respeto de él?

Respuesta: Dios usó al apóstol Pablo para escribir la fórmula fundamental del respeto en 1Corintios 13:4-8 diciendo de esta manera:

El Amor es:

- Paciente.
- Bondadoso.
- No es celoso.
- Fanfarrón.
- Orgulloso.
- Ofensivo.
- No exige que las cosas se hagan a su manera.
- No se irrita ni lleva un registro de las ofensas recibidas.
- No se alegra de la injusticia sino que se alegra cuando la verdad triunfa.
- El amor nunca se da por vencido.
- Jamás pierde la fe.
- Siempre tiene esperanzas.
- Se mantiene firme en toda circunstancia.

Para entender lo que es el respeto, primero hay que entender la importancia del amor. El amor es la llave para producir respeto porque establece límites y activa el dominio propio. Es el que en momentos de discusión evita que el corazón se enorgullezca, y sea fanfarrón. El que evita las ofensas y la injusticia. Evita los pleitos entre padres e hijos porque el amor es paciente.

El fruto del respeto es amor, admiración, y humildad. Al no tener estas características, es imposible que haya respeto.

Los hijos aman demasiado a padres que están totalmente dispuestos a dar su propia vida por ellos pero solo si existe el amor. Los hijos nunca van a brindar respeto hacia un padre o una madre orgullosa, fanfarrona, que ofende con sus acciones, sus palabras, que exige todo a su manera sin llegar a términos comunes, que es celoso e impaciente. No hay nada más horroroso para un hijo que tener a padres orgullosos que nunca escuchan, nunca entienden, cierran sus oídos a la razón, es como tener mil agujas perforadas en el cráneo. Es frustrante y desgastante, cuando los padres no escuchan y se encierran en su propio mundo imponiendo, haciendo y deshaciendo.

Para un hijo es horrible experimentar la impotencia de no poder hablar sin respeto. Los hijos se ofenden cuando un padre les grita y les hace comentarios ofensivos, cuando lo único que quieren es expresar sus sentimientos. Se decepcionan cuando un padre habla y ofende sin pensar. Ofensas y comentarios negativos de parte de los padres son los que orillan a los hijos a tomar decisiones insensatas.

Hay miles y millones de hijos que prefieren irse al mundo y no conocer nada de Dios, por padres que no respetaron sus sentimientos, sus palabras, sus pensamientos y su sentir. Quizá como padre te preguntes en estos momentos: "Pero estaba tratando de recordarle que soy su padre/madre, me ofendió con sus palabras, me ofendió con lo que me estaba diciendo, después de todo lo que he hecho por él/ella".

Hay algo que los padres necesitan entender de los hijos y es que no entienden el consejo cuando están lastimados. A los hijos no les interesa saber quien es su madre o su padre, quien dio la vida por ellos, quien se esforzó o quien se mató. A los hijos no les interesa conocer tu pasado ni tu presente. Ellos no son tu, ellos son fruto del amor que has tenido con tu pareja, pero ellos no son tu. Ellos tienen sentimientos diferentes a los que tal vez tú tengas en tu corazón. Los hijos respetan a sus padres cuando ellos demuestran amor y no guerra, entendimiento y no necedad. Los hijos respetan a los padres cuando en su momento más difícil muestran que a pesar de que esté pasando por momentos difíciles él o ella están ahí.

Comienza a ganar el respeto de tus hijos no por lo que eres, sino por lo que haces por ellos. Los hijos honran a sus padres cuando demuestran amor, afecto, comprensión y respeto hacia sus emociones. De lo contrario, los hijos rechazan a los padres sin importar la cantidad de años de sacrificio y esfuerzo. Mientras los padres no respeten a sus hijos, los hijos jamás respetarán a los padres.

PREGUNTA FRECUENTE:

¿Qué retos tengo que hacer para que mi hijo me respete?

Respuesta: Si quieres ganar el respeto de tus hijos tendrás que

sacrificar el orgullo paternal. El orgullo paternal, es la barrera más grande que existe entre las familias, los hijos desobedecen, hacen las cosas a escondidas, por el orgullo paternal es que los hijos se privan de ser transparentes con los padres por temor a que sus padres lo regañan sin entender su situación.

PREGUNTA FRECUENTE:

¿Qué hábitos tengo que hacer para que mi hijo me respete?
Respuesta: No manipules sus decisiones:

Enséñales por qué sus decisiones no son las correctas y hazles entender las consecuencias negativas y positivas de la decisión, pero no tuerzas su brazo para que haga lo que tú quieres, depende de ellos hacer conciencia del dolor que pasarán o del que se puede evitar.

No lo juzgues en sus momentos difíciles:

Los hijos siempre están pasando por momentos de cambio. Se topan con diferentes etapas de su vida que están tratando con su carácter, su fe, su personalidad, su autoestima y su seguridad personal. Estas fases inevitablemente requieren que ellos cometan errores; es parte de la vida. Como padre o madre necesitas ser paciente en estas fases y evitar faltar al respeto, ellos así como tu, tienen derechos. Ellos conocen muy bien sus derechos como humanos. Y como padres es necesario que sepamos que cuando están en sus momentos difíciles, quieren un tiempo a solas para meditar o están haciendo algo que quizás a ti no te parezca, simplemente porque no te gusta: respeta su espacio, siempre y cuando ellos no estén haciendo algo que los ponga en peligro o que pueda ser algo que este mal espiritual y moralmente hablando.

Para un hijo es muy doloroso y a veces imperdonable cuando un padre lo juzga sin saber las razones, para esto necesitas entender que los golpes, los gritos y los insultos no son la solución, necesitas utilizar la capa de psicólogo e indagar las razones de su estrés, su ansiedad y depresión. Si están batallando en un área, no le digas lo inútil y lo insuficiente que es, llévalo de la mano, explícale cómo es que se hacen las cosas, explícale el porqué se debe hacer y recalca las consecuencias positivas y negativas; de esa manera entenderá y aprenderá a solucionar los problemas por sí mismo.

Un hijo que es juzgado por los padres, es lastimado internamente, emocional, espiritual, moralmente y puede lastimarlo físicamente cuando comienzan a tomar comportamientos que ocasionan que se hagan daño a ellos mismos.

Juzgar significa: Creer u opinar algo. Muchos padres cometen el error de opinar sobre el porqué del comportamiento de sus hijos, pero nunca hacen nada para ayudar a resolver el problema. Esta es una de la razones por lo cual los hijos se deprimen, se frustran, se aíslan de las personas, y aun llegan a pensar que sus vidas no valen nada, porque cuando el mundo les demuestra lo insuficiente que son, en casa lo confirman los padres. Los hijos no toleran las opiniones negativas de parte de sus padres, por ello muchos hijos prefieren hacer las cosas a escondidas y evitan confesar los problemas que están pasando, o prefieren pedir consejos de otras personas que podría mostrarles compasión sin que tomen opinión sobre ellos. Los hijos son seres con un corazón bueno, lo que los daña es la mala alimentación emocional que los padres les proveen a cada uno de ellos. Esto necesita cambiar incluso dentro del círculo social cristiano.

Es muy triste y lamentable que hayan padres que no tienen un fundamento cristiano. Es algo ilógico y fuera de control. Los padres cristianos deben ser el ejemplo de todo aquel que no tiene su fe en Dios. Sin embargo, nos encontramos con una grieta en el círculo social del cristianismo que está ocasionando que los hijos prefieran ir al mundo, en donde nadie toma opinión sobre ellos, donde les ofrece consuelo temporal y que los hace sentir suficientes. Lo que el mundo y sus deseos están cumpliendo, es lo que los padres deberían estar haciendo. Mientras los padres rechazan y maltratan a los hijos, el mundo los consiente, esto es un dolor que debería penetrar el corazón de cada padre, esto debería ser una carga espiritual. Más que cualquier alma que esté rodando en el mundo, los hijos son primero: las almas más importantes que se deberían de ganar. No afirmo, pero puede ser que las primeras almas de quienes Dios pregunte en el día del juicio sean tus hijos.

Te pregunto:

¿Qué le dirás a Dios de tus hijos?, ¿vas a decirle que te preocupaste más por las almas perdidas que las de tus hijos?

¿Qué excusa le darás a Dios?, ¿qué tus hijos no querían?, ¿qué ellos no querían de Dios?

Los hijos terminan rechazando a Dios cuando los padres demuestran todo lo contrario de las características del Padre. Padres, ellos no dudan ni un segundo en decir: "Sí mis padres son así, no quiero imaginar cómo es Dios, mejor hago lo que quiera con mi vida, cumplo mis 18 años y tomo mi rumbo sin la ayuda de mis papás". Ese es el momento cuando los hijos se pierden. Todo por ser oidores de la Palabra pero no hacedores.

No lo corras de tu casa: En la sociedad que vivimos, escuchamos de muchas anécdotas en la cual los padres corren a sus hijos de sus casas por no ser personas responsables y respetuosas. Lo que no entienden muchos padres es que ellos mismos son los culpables de esa creación. Son culpables de esa criatura malcriada, porque bien lo manda la Palabra diciendo: *"Dirige a tus hijos por el camino correcto, y cuando sean mayores, no lo abandonarán"* (Proverbios 22:6, NTV). Lamentablemente los padres por falta de atención familiar y personal, cometen el error de echarle la culpa a los hijos, a los amigos, a los vecinos, a la escuela, al trabajo, al rentero, al acomedido y a todo mundo, todos tienen la culpa, menos ellos.

Para esto, como padres necesitamos entender que hay varios factores que conducen a los hijos a ejercer los comportamientos y la personalidad que están desarrollando. La mayoría de los hijos (no todos) cambian su conducta cuando crecen porque:

1. Les faltó atención paternal o maternal.

2. Los padres los lastimaron con palabras o acciones.

3. Hay indiferencia entre padres e hijos.

4. Los padres abusan de su autoridad y tratan a los hijos como esclavos, y no como hijos.

5. Los padres no educaron a sus hijos en lo espiritual y lo moral.

Estas son algunas de las razones por las cuales muchos hijos son trastornados y cambian de personalidad.

Como padre, tienes que entender que tu hijo no se comporta de forma malcriada porque él quiere, simplemente es fruto de las semillas que sembraste en él. La única manera de cambiar esas actitudes, comportamientos y esos cambios de personalidad en él o ella, es tomando responsabilidad de tu mal trabajo. Muchos padres se creen superiores a otros porque sus hijos no están en las calles todos sucios y mal aseados, pero lo que no saben es que están cometiendo un grave error al pensar de esa manera, porque quizás los hijos no están en la calle, pero en la casa podrían ser adictos a la pornografía, podrían estar en depresión, podrían tener adicciones a los dispositivos electrónicos, podrían estar batallando con obesidad por comer sin salir a ejercitarse, y todo esto, son unas de las pocas cosas que podrían estar pasando por la educación incorrecta que reciben en casa. Ningún padre se da cuenta de lo malo que está haciendo, hasta que sufre las consecuencias. Ninguno se da cuenta de sus malas acciones, hasta que algo le pasa a sus hijos. Y esto es, lamentablemente, algo que está afectando la cultura actual.

En la actualidad, los padres piensan que al comprarles a sus hijos dispositivos electrónicos sin tener un régimen o un límite de uso es innecesario y toman la excusa de decir: "Igual no salen de la casa, mientras los vea y no estén haciendo nada malo, ellos están bien". ¡¡DESPIERTA!! ¡Este es el error número uno que los padres están cometiendo en la actualidad!, creer que los hijos no pueden ser influenciados porque están en casa ¡es una mentira! La influencia hoy en día ya no es por lo que hacen fuera de casa o por el trato físico, más bien es administrada por las redes sociales que muestran con videos lo que una persona puede hacer sin la necesidad de salir de su casa.

Es imposible, y no debe ser tolerado que los padres se hagan amigos de la ignorancia. Si hay algo que necesitan hacer es actualizar su conocimiento en cuanto a lo electrónico y lo emocional. Ya no es válido decir: "No se moverle al teléfono o la computadora, esas cosas no son para mi". ¡No! Es tiempo que los padres tomen responsabilidad y comiencen a aprender a manejar los dispositivos electrónicos, para que de esa manera puedan tomar más control de las actividades electrónicas en la cual los hijos se están envolviendo.

El enemigo número uno de los padres, es la ignorancia. Entre más se practique, más se van perdiendo los hijos. Entre más ignorancia haya, más difícil será arreglar los problemas. Los padres necesitan estar a la vanguardia en el conocimiento de las nuevas tendencias que los jóvenes utilizan, para así poder filtrar las influencias que están teniendo nuestros hijos y de igual manera tener un respaldo paterno. No los corras cuando ves que ya no puedes más con ellos, sin antes haber intentado mejorar como persona y en tu conocimiento de las nuevas generaciones.

Mejorar tu calidad como persona y actualizar tu conocimiento ayudará a que veas al pasado para corregir los errores que has cometido como padre. Hará que tengas la suficiente humildad para pedirle perdón a tus hijos por las malas acciones, conductas y palabras que les has tenido con ellos.

No corras a tus hijos de la casa porque hicieron algo indebido, ellos lo hacen porque algo hay en ellos que tu como padre hiciste mal. A un padre que hace las cosas bien le es imposible tener hijos que hagan las cosas mal.

- No corras a tus hijos por no saber trabajar, es tu culpa.

- No corras a tus hijos por ser irresponsable, es tu culpa.

- No corras a tus hijos por ser mal educados, es tu culpa.

- No corras a tus hijos por ser flojos, es tu culpa

- No corras a tus hijos por tener malas calificaciones, es tu culpa.

- No corras a tus hijos por faltarte el respeto, es tu culpa.

- No corras a tus hijos por usar drogas, es tu culpa.

- No corras a tus hijos por no buscar a Dios, es tu culpa.

- No corras a tus hijos por jugar videojuegos todo el día, es tu culpa.

- No corras a tus hijos por usar la computadora todo el día, es tu culpa.

- No corras a tus hijos por escaparse de la escuela, es tu culpa.

- No corras a tus hijos por tomar bebidas alcohólicas, es tu culpa.

- No corras a tus hijos por ir a los antros, a los bares y a lugares nocturnos, es tu culpa.

Tu tienes la culpa, porque Dios te dio la orden de INSTRUIRLOS, y en vez de instruirlos has dejado que el mundo lo haga. Cuando un padre instruye, se esfuerza y empeña su conocimiento y su tiempo en los hijos, crecen totalmente sanos. Los hijos mal educados son el fruto de padres irresponsables y perezosos. Los hijos que se encuentran con emociones dañadas son fruto de padres que no protegieron su corazón, sino que se ocuparon de atender más sus actividades cotidianas como el trabajo, la iglesia, los grupos de vida, los padres, y muchas otras cosas, menos a ellos.

En esta época, hay un porcentaje inmenso de jóvenes y adultos que no saben trabajar, ser responsables o personas de bien, por culpa de padres que le dieron paso a la pereza. En tiempos difíciles como en los que estamos viviendo, es cuando los padres más deberían de estar atentos a sus hijos, a sus necesidades emocionales, mentales, espirituales y morales. La Palabra de Dios nos habla claramente diciendo que el enemigo está como león rugiente esperando a que su presa caiga para poder devorarlo.

El enemigo está esperando a que bajes la guardia como padre, para llevar a tu hijo a la perdición; lo único que a él le interesa es verte a ti y a tu familia perdidos y sin salvación. El enemigo no te rechaza ni te detesta, ¡él te odia! Odia que tienes privilegios espirituales, que tienes el regalo de la misericordia. En ningún momento de tu vida va a ponerse feliz de que Dios perdone tus iniquidades y pecados. Necesitas estar al rojo vivo y entender que él conoce que una de tus debilidades son tus hijos, y no descansará hasta verlos perdidos, y a ti, como premio principal, alejado de Dios y su presencia. No te dejes influenciar por la ignorancia y la pereza, eres pieza importante en tu familia; si tu caes, caen todos. Si tu sigues, todos tendrán un asta de esperanza para seguir; nunca bajes la guardia. No te des por vencido.

Quizá sea difícil mantener un ritmo constante para tener a cada uno de tus hijos en su lugar con educación y responsabilidades, pero, al final del camino será más fácil disfrutar tu vejez. Hay quienes han logrado alcanzar la vejez con todo lo que han soñado, sin embargo, lo único que no les ha permitido que la disfruten, ha sido por causa de hijos que nunca fueron instruidos en el camino del bien.

Probablemente estés pensando en solamente darle importancia a los hijos mayores, pero si te esfuerzas en educar a todos por igual, tendrás la seguridad de que en tu vejez agradecerás a Dios por haberte esforzado. El fruto de tu esfuerzo como padre te dará paz y tranquilidad como abuelo. El fruto de la pereza hará que tengas que cuidar a tus hijos y a tus nietos como una nueva generación. No los entrenen para ser simples seres humanos, porque no tomarán la vida con seriedad. Enseña a tus hijos la mejora constante, enséñales que todo se gana a base de esfuerzo, dedicación y disciplina. El resultado los pondrán en una vida estable y tendrás el tiempo para que disfrutes de tus nietos en el futuro.

No condenes su futuro:

En la actualidad es frecuente escuchar a diversos padres opinar sobre la vida de sus hijos, y entre muchas palabras, cometen el error de inconscientemente declarar de manera negativa sobre ellos.

Necesitamos arreglar este problema que está arraigado desde la cultura en la que se rige la familia. Cada nación tiene su estandarte invisible de educación y cultura, sin embargo, cada hijo de Dios tiene un estandarte que sobresale entre todos, que dice: "Nosotros hacemos la diferencia". Como padre debes entender que si quieres hacer la diferencia en tu familia, necesitas dejar a un lado los hábitos y tradiciones que tu pueblo o nación práctica, hacer esto llevará los resultados de tu esfuerzo a otro nivel. Hay culturas que acostumbran a maltratar a los hijos con palabras y con acciones. Lo más frecuente es escuchar frases como:

"¡No sirves para nada!"

"¡Eres igual que tu madre (o padre)!"

"¡Así, ¿cuándo vas a ser alguien en la vida?!"

"¡Eres un cero a la izquierda!"

"¡Eres un burro!"

"¡Eres es un tonto!"

"¡Nunca llegarás a hacer nada!"

"¡Eres una desgracia!"

"¡Tú no puedes!"

"¡No tienes la capacidad!"

"¡Estas retrasado!"

"¡Eres incapaz!"

"¡Tú nunca podrás!"

Estas frases, son palabras que condenan el futuro de tu familia. Quizá pienses, "Ah, pero ¡es broma, es un chiste!", pero debes entender que detrás de tus palabras hay un poder profético, que puede condicionar el futuro de tu hijo para que sea algo glorioso o para que sea miserable.

Este tipo de palabras negativas no deben existir en el vocabulario de un padre que es hijo de Dios. Es por ello, que el apóstol Santiago recalca e indica a todo el que es seguidor de Jesús diciendo:

"El ser humano puede domar toda clase de animales, aves, reptiles y peces, pero nadie puede domar la lengua. Es maligna e incansable, llena de veneno mortal. A veces alaba a nuestro Señor y Padre, y otras veces maldice a quienes Dios creó a su propia imagen. Y así, la bendición y la maldición salen de la misma boca. Sin duda, hermanos míos, ¡eso no está bien! ¿Acaso puede brotar de un mismo manantial agua dulce y agua amarga? ¿Acaso una higuera puede dar aceitunas o una vid, higos? No, como tampoco puede uno sacar agua dulce de un manantial salado" (Santiago 3:7-12 NTV).

Es decir, que en tu vocabulario no deben de existir palabras de muerte o maldición, si no existir palabras de vida y bendición. La palabra *maldición* viene de la raíz *'arat'* que significa: "Lo que te detiene", "lo que obstaculiza". Cuando declaras una maldición estás deteniendo a tus hijos, estás obstaculizando su camino para que sean exitosos en la vida.

Necesitas comenzar a analizar las palabras que le dices a tus hijos. Necesitas pedirle a Dios sabiduría e inteligencia para que cambies tu vocabulario. Para eso, necesitamos tener dominio propio y ejercerlo en nuestra vida, para que podamos dejar atrás la cultura heredada y aplicar los principios que Dios nos enseña en Su Palabra.

PREGUNTA FRECUENTE:

¿Qué palabras puedo usar para motivar a mi hijo?

Respuesta:

"¡Eres un Campeón!"

"¡Eres mejor que tu madre y yo juntos!"

"¡Vas a llegar a ser alguien muy importante en la vida!"

"¡Eres un regalo inmenso para nuestras vidas!"

"¡Eres extraordinario!"

"¡Sigue así, y llegarás a ser alguien en la vida!"

"¡Todo lo que te propongas, lo lograrás!"

"¡Eres una persona espectacular!"

Estas declaraciones son las que estimulan a los hijos a sentirse plenos y causan que su futuro esté lleno de gloria. Como padre debes tener en cuenta que su futuro está en la punta de tu lengua, no lo condenes con palabras que lo detienen. Práctica palabras de vida que lo impulsen y lo llenen de seguridad. Diles palabras que fortalezcan su fe y plenitud, de esta manera, lograrás impulsar su futuro y no condenarlo.

No los abandones:

Hay quienes por ocuparse demasiado en los quehaceres de la vida, abandonan a sus hijos en la primera falta que cometen. Esto es un grave error. Abandonarlos mientras están batallando con la vida es ser un padre insensible e incoherente.

Te haré una pregunta franca y directa. Si Dios no te abandona en los momentos más difíciles de tu vida, cuando estás en deudas, con hambre, en escasez, en dolor, aflicción y angustia, ¿por qué lo harías con tus hijos? ¿Qué diferencia hay entre tu relación con Dios y la de tus hijos?

La respuesta es: ¡NINGUNA!

No hay diferencia entre la relación con tus hijos y la de Dios con nosotros, al contrario, es un ejemplo a seguir, como nuestro Padre celestial nos ama de manera incondicional, así debe de ser nuestro amor para con ellos.

Si Dios no te deja sin comer, ¡tampoco lo hagas!

Si Dios no te deja sin techo, ¡tampoco lo hagas!

Si Dios te perdona, ¡perdona a tu hijo!

Si Dios no te deja de cuidar, ¡tampoco lo hagas!

Si Dios no te quita la cobertura, ¡tampoco lo hagas!

Si en la casa de Dios te ofrecen de comer cuando estás hambriento, ¡nunca le niegues un bocado de comida a tus hijos!

Si Dios te ofrece paz, ¡haz las paces con tus hijos!

Si Dios te ofrece reposo, ¡hazlo con tus hijos!

Si Dios te provee posada (o estancia) en su casa, ¡hazlo con tus hijos!

Si Dios te abraza cuando estas falta de amor, ¡hazlo con tus hijos!

Si Dios te libra de todo mal, ¡hazlo con tus hijos!

Jesús dijo: *"Ustedes, los que son padres, si sus hijos les piden un pescado, ¿les dan una serpiente en su lugar? O si les piden un huevo, ¿les da un escorpión? ¡Claro que no!" (Lucas 11:11-12 NTV).*

No les des "escorpiones y serpientes" a tus hijos, es decir, no seas egoísta. Si están peleados o si tienen una diferencia entre ustedes, la Palabra nos manda a perdonarnos los unos a los otros para que podamos ser sanados, también nos dice:

> *"Cuando estén orando, primero perdonen a todo aquel contra quien guarden rencor, para que su padre que está en el cielo también les perdone a ustedes su pecados" (Marcos 11:25 NTV).*

Dios no puede perdonar tus pecados, si no perdonas los de tus hijos. Tendrás que dejar el egoísmo, el orgullo y la soberbia a un lado para perdonar sus ofensas, que cuando le pidas perdón a Dios, no te lo niegue, sino que pueda perdonarte. Como decimos en México: "Primero lo primero".

Tus hijos te respetarán cuando respetes sus sentimientos, sus emociones y sus palabras, aun cuando no estés en lo correcto. Lo único que piden a cambio de su respeto, es que de igual manera, respetes su emociones. No seas egoísta, ni orgulloso, no vale la pena tener tanto orgullo para perderlos. ¡Los hijos lo valen todo! ¡Los hijos valen la vida.

RECUERDA:

"Entre los individuos, como entre las naciones, el respeto al derecho ajeno es a paz"

-Presidente Benito Juárez

Si quieres tener paz con tus hijos, otorgarles el respeto que se merecen. El respeto mutuo es el fundamento para tener una relación sana.

RECUERDA:

Si tu hijo no está en lo correcto, no lo regañes ni lo castigues, explícale por qué está mal.

Instrúyelo, no lo maltrates. Instruir a los hijos crea respeto, destruir a los hijos crea odio y rencor. Dios te los regalo para que los instruyas y no los destruyas. Tú eres una pieza importante en su vida.

Capítulo 2

Eres un padre Superhéroe

Padres, no exasperen a sus hijos,
para que no se desanimen.

Colosenses 3:21

Exasperar significa: Provocar gran irritación o enfado.

Toda persona sabe lo que es un héroe. Los programas, películas, libros y hasta los juguetes nos enseñan como se ven. Muchos sabemos como es un héroe por su apariencia, pero pocos sabemos como es en su interior. Un superhéroe no lo es por lo que aparenta, sino por lo que hace por los demás, dejando a un lado su interés. Cuando era pequeño, mi padre se la pasaba trabajando, y mi madre como ama de casa, nos cuidaba en el día hasta que llegara él del trabajo. Mientras el día transcurría, mi madre tenía la costumbre de llevarnos a la casa de mis abuelos para visitarlos y también ver películas del oeste o como dicen en inglés *"Western movies"*. Mi abuelo nació a principios del siglo XX en el año 1933, fue un hombre que creció en una época diferente a la nuestra, pero cuando se trataba de ver la televisión, le encantaba sentarse con sus nietos a ver películas del oeste, solía preguntarnos si queríamos un vaso de té que él mismo hacía.

Era muy amante del *té frío*, una bebida que hasta el día de hoy, cada vez que lo tomamos recordamos como disfrutábamos tener un tiempo juntos. Un día, mi tío Larry, estando en la sala de la casa nos preguntó: "¿Quieren ver *El Zorro*?" Le pregunté: "¿de qué se trata esa película?", me contestó: "Se trata de un superhéroe con capa que salvaba al pueblo del mal comportamiento del gobierno", "Antonio Banderas es el protagonista, esta muy buena". En aquel tiempo las películas aun las veíamos en formato VHS.

Mi tío tomó la película, la colocó en la reproductora y empezó la película. Todo comenzaba con unos jóvenes escondiéndose en una mina, curiosos por lo que pasaba entre la multitud que rodeaba la capital del gobierno español, viendo la aparición del famoso Zorro salvando a tres víctimas inocentes que fueron capturadas para ser utilizadas como anzuelo; la autoridad había planeado todo para que él cayera en la trampa y ser capturado.

Después de que todo el pueblo vió la gran lucha que el héroe había tenido, se dirigió hacia esos jovencitos y les dio su agradecimiento por haberle salvado la vida; ahí comenzó una nueva etapa, un nuevo comienzo para esos jóvenes, que algún día alguno de ellos podría ser el próximo Zorro. ¡A mí me encantó! Me fascinó el espectáculo; la manera en cómo él atravesó balas, peleó a capa y espada con los soldados; y al final marcó su territorio hablando con el gobernador, dejándole saber que la injusticia que había hecho no era correcta y que por el resto de su vida jamás sería igual. Me asombró la grandeza de un héroe que habla con tal seguridad entregando su "vida" por el pueblo y sobre todo por el bienestar de la familia.

Ese suceso marcó mi vida, me enseñó que aunque el mundo esté encima de ti, que atravieses balas mortales, pelees a espada con miles de soldados, mientras estés preparado, siempre tendrás garantizada la victoria.

Los héroes son personas que marcan un antes y un después en nuestra vida, dejan huella en nuestro corazón y en nuestro diario vivir, hacen la diferencia en nuestra manera de pensar y nos enseñan a ser bondadosos y compasivos con quienes lo necesitan.

En este capítulo quiero darte la perspectiva de un hijo hacia los padres. Estoy seguro que si estás leyendo este libro es porque quieres mejorar y quieres arreglar la distancia, el desamor, la falta de interés de tu hijo y saber cómo sacarlo de su batalla personal como las drogas, la rebeldía, y muchas cosas más.

Hoy es tu día y oportunidad para que seas el superhéroe de tu hijo; pero antes de continuar quiero que tomes este autoanálisis para que puedas ir encontrando los problemas desde la raíz.

Autoanálisis:

¿Cuántas veces has escuchado a tu hijo cuando te ha pedido hablar?

¿Cuántas veces has salvado a tu hijo de un accidente sin regañarlo?

¿Cuántas veces has ayudado a tu hijo sin pedirle nada a cambio?

¿Cuántas veces has tomado tiempo para ir a hacer deporte con él y aprovechar para platicar un rato?

¿Cuántas veces has hecho el esfuerzo para demostrarle que puede tenerte confianza de hablar de lo que sea sin defraudar la confiabilidad que te tiene?

Los hijos ven a los superhéroes porque son personajes a los que les interesa el bienestar de las personas. Es decir, aquellos personajes que vuelan, pelean y golpean, no lo hacen por interés propio sino por el bienestar de las personas.

Quiero mostrarte unos puntos especiales en los cuales podrías estar fallando; pero puedes mejorar con tan solo algunos puntos claves. Puedes cambiar la vida de tus hijos, tu relación con ellos y el futuro de sus vidas.

Paso #1. La Palabra de Dios dice que debemos instruir a nuestros hijos desde pequeños, para que cuando sean grandes tengan los cimientos necesarios al convertirse en padres.

"Dirige a tus hijos por el camino correcto, y cuando sean mayores, no lo abandonará" *(Proverbios 22:6 NTV).*

La palabra DIRIGIR significa:

A.		Hacer que una cosa en movimiento avance hacia una dirección determinada SIN DESVIARSE.

B.		Situar una cosa en una dirección establecida, ORIENTARLA hacia un punto concreto.

"Instruye al niño en su camino, Y aun cuando sea viejo no se apartará de él" *(RVR1960).*

La palabra INSTRUIR significa:

A.		ENSEÑANZA.

B.		Proporcionar conocimientos.

C.		Comunicar sistemáticamente conocimientos o doctrinas.

Una de las miles de razones por la cual los hijos necesitan padres "superhéroes", es por la falta de dirección personal. Los niños, adolescentes y jóvenes pasan por procesos que ponen a prueba la fe en ellos mismos. Es por ello, que al tomar decisiones a veces cometen errores que quizá se pudieran haber evitado, pero por falta de dirección, la decisión suele ser la equivocada. Este resultado es por la irresponsabilidad de los padres. Ni el Pastor, ni los maestros, ni los amigos son los causantes de las malas decisiones de los hijos. La palabra de Dios nos dice algo específico: *"Padres, no hagan enojar a sus hijos con la forma en que los tratan. Más bien, críenlos con la disciplina e instrucción que proviene del Señor"* (Efesios 6:4 NTV). Quiere decir que los padres necesitan tomar más responsabilidad de sus hijos, necesitan estar constantemente atentos y corrigiendo cada detalle que tengan, esto es esencial.

PREGUNTAS FRECUENTES:

¿Qué hago, si mis hijos ya están grandes?

La respuesta de Dios hacia los padres es: *"Padres, no hagan enojar a sus hijos con la forma en que los tratan. Más bien, críenlos con la disciplina e instrucción que proviene del Señor"* **(Efesios 6:4 NTV).**

¿Qué le dice Dios a mis hijos?

La respuesta de Dios para los hijos es: *"Hijos, obedezcan a sus padres porque ustedes pertenecen al Señor, pues esto es lo correcto. «Honra a tu padre y a tu madre». Ese es el primer mandamiento que contiene una promesa: si honras a tu padre y a tu madre, «te irá bien y tendrás una larga vida en la tierra»"* **(Efesios 6:1-3 NTV).**

¿Qué gano con corregir a mis hijos?

La respuesta de Dios hacia los padres es: *"Disciplina a tus hijos, y te darán tranquilidad de espíritu y alegrarán tu corazón"* **(Proverbios 29:17 NTV).**

¿Cómo puedo ser un superhéroe para la vida de mi hijo?

Dios manda a los padres a que INSTRUYAN/DIRIJAN A LOS HIJOS. Dios te está diciendo "Corrige el camino de tu hijo proporcionándole conocimiento y orientándolo, a un punto determinado. Es decir, ESTABLECE METAS, y encamínalos a ellas.

Agregando a lo dicho, Dios nos da el **paso #2** que es:

"Debes comprometerte con todo tu ser a cumplir cada uno de estos mandatos que hoy te entrego. Repíteles a tus hijos una y otra vez. Habla de ellos en tus conversaciones cuando estés en tu casa y cuando vayas por el camino, cuando te acuestes y cuando te levantes. Átalos a tus manos y llévalos sobre la frente como un recordatorio. Escríbelos en los marcos de la entrada de tu casa y sobre las puertas de la ciudad" (Deuteronomio 6:6-9 NTV).

Tu tienes la capacidad de ser un superhéroe para tus

hijos sin la necesidad de usar fuerza. ¡USA LAS ESTRATEGIAS!

RECUERDA SIEMPRE

¡Un superhéroe no regaña, orienta!

¡Un superhéroe no golpea,corrige!

¡Un superhéroe siempre ayuda sin esperar nada a cambio!

¡Los hijos lastimados no necesitan violencia, necesitan amor!

Recordatorio:

1Corintios 13:4-7 (NTV)

1. El amor es paciente y bondadoso.

2. El amor no es celoso, ni fanfarrón, ni orgulloso, ni ofensivo.

3. No exige que las cosas se hagan a su manera.

4. No se irrita ni lleva un registro de las ofensas recibidas.

5. No se alegra de la injusticia sino que se alegra cuando la verdad triunfa.

6. El amor nunca se da por vencido.

7. Jamás pierde la fe.

8. Siempre tiene esperanzas.

9. Se mantiene firme en toda circunstancia.

TUS HIJOS NECESITAN QUE:

1. Seas *paciente* cuando ellos cometen errores.

2. Seas *precavido* al hablar y al actuar cuando están irritados.

3. Seas *abierto* a tomar consejos de ellos; puede mejorar la relación entre ustedes.

4. No seas *orgulloso* sino humilde para escuchar.

5. No *ofendas* con mentiras mientras los instruyas.

6. No *juzgues* sin antes escuchar su versión.

7. *NUNCA dejes de creer* en ellos y su capacidad individual.

8. Seas *firme en amor* ante toda circunstancia sin importar su situación; ellos te necesitan porque ¡tú eres su superhéroe!

Estamos en tiempos peligrosos, en donde la atención de los padres hacia los hijos es importante. Si los padres no lo hacen, entonces, *¿quién lo hará?*

Los Amigos, ofrecen ideas y adicciones.

Los Envidiosos, planean hacerles mal.

El trabajo, consume mucho tiempo.

El aburrimiento, abunda a toda hora y todo momento.

La depresión y la ansiedad son los factores #1 que más daño causan a las personas (adolescentes, jóvenes y adultos). Si los padres no son los que van a tomar el tiempo para dedicarle atención a sus hijos, NADIE LO HARÁ de una forma sana como tú pudieras hacerlo.

Este es el momento para que comiences a escuchar los problemas de tus hijos, dóblate las mangas, fajate los pantalones, ponte el traje quirúrgico y comienza a sacar con pinzas cada raíz de rencor, amargura, dolor y frustración que tengan. Es tiempo de que participes en la sanidad de sus heridas con mucho amor, comprensión, dedicación, afecto, abrazos, besos, caricias y palabras dulces. No necesitan escuchar el terrible trabajo que ellos han hecho, necesitan escuchar palabras de afecto, de esperanza, de fe, palabras más dulces que la miel y más suaves que el algodón. Necesitan a su superhéroe, que les de ese abrazo que los hará olvidar sus problemas. Anhelan que su superhéroe les diga que "todo estará bien", que "estás ahí para ellos", qué crees que puede "maximizar su potencial", que "apoyas sus sueños", que "estarás siempre ahí para ellos".

Quizá se te hace difícil demostrar afecto, amor o compasión, si es el caso, pídele a Dios que te ablande el corazón, que te llene de su amor incondicional, que te de sabiduría para poder levantar a tus hijos de las situaciones personales que tengan. Tú tienes la salida para ellos, si están en las drogas, en depresión o tienen ansiedad; la solución perfecta está en tus manos, para que puedan sanar, puedan levantarse, sacudirse y glorificar a Dios por la misericordia que tiene con cada uno de nosotros.

¡Hoy es el día oportuno para hacer la diferencia en la vida de tus hijos, y por consiguiente en toda tu familia!

Capítulo 3

Cuida la disciplina moral.

Disciplina a tus hijos, y te darán
tranquilidad de espíritu
y alegrarán tu corazón.

Proverbios 29:17

El gran campeón mexicano ex-boxeador, Julio Cesar Chavez Sr, dijo: *"Sé que es muy difícil, pero con disciplina, perseverancia, dedicación y mucho esfuerzo, podrán alcanzar sus objetivos"*.

De una cosa los padres deben estar seguros, que para poder transformar la vida de un hijo se necesitan tener como mínimo los cuatro puntos bien establecidos, los cuales son:

1. Disciplina.
2. Perseverancia.
3. Dedicación.
4. Esfuerzo Recordatorio.

Los buenos padres no nacen, *¡se hacen!*

Para que puedas entender a la perfección la perspectiva de hijo, vas a requerir ser disciplinado en tu manera de vivir día a día. Los hijos que tienen problemas personales siempre están a la defensiva, todo les molesta, todo les incomoda. Algo que debo destacar con mucha importancia es que estamos en un tiempo diferente, las cosas de hoy no son las mismas que hace 20 años atrás.A la par con la tecnología, la mentalidad de los hijos ha ido avanzando en conocimiento, y también, cada día la sociedad es más abierta en su enseñanza. Esto es un factor importante que los padres deben de saber: que hoy en día, la sociedad está influenciada por las redes sociales. Todo lo que muestran, es lo que la nueva generación desayuna, almuerza y cena todos los días. Esto es un arma de dos filos, que con mala disciplina y administración todo se puede echar a perder. Lo único que puede salvar a nuestros hijos de la mala influencia exterior es una buena influencia interior. Una casa fuerte e inundada de buena influencia de los padres, con disciplina, perseverancia, esfuerzo y dedicación es lo que va a mantener fuerte la relación entre padres e hijos.

Para entender la perspectiva del hijo, tienes que "ponerte en sus zapatos". La fórmula perfecta para hacer esto es usando los sentidos comunes.

Entender el propósito de los sentidos es esencial para mantener una disciplina rutinaria. Esto se debe a que el cerebro procesa cada cosa que uno ve, escucha, olfatea, toca y disgusta. El enemigo sabe que la manera de atrapar a los jóvenes en las adicciones es tomando control de sus sentidos. Porque detrás de los sentidos comunes están el corazón y la mente. Si los sentidos comunes son estimulados con el objeto indicado apuntando hacia la debilidad de una persona, será suficiente para dañar la mente, el corazón, y finalmente, el alma. Este es el proceso *domino* que el enemigo usa:

OÍDO

> *"La serpiente era el más astuto de todos los animales salvajes que el Señor Dios había hecho. Cierto día le preguntó a la mujer: —¿De veras Dios les dijo que no deben comer del fruto de ninguno de los árboles del huerto?" (Génesis 3:1 NTV).*

El enemigo siempre sembrará la semilla de curiosidad en la mente de los hijos cuando estén rodeados de personas que pueden ser de mala influencia. Intentará poner palabras y pensamientos en quienes los rodean para inducir a quienes son hijos de Dios. Siempre hará su mayor esfuerzo para destruir la integridad y robar la inocencia y la paz mental de los hijos.

Cima Noticias, un noticiero mexicano, reportó en el 2015 estos datos: *"Según los datos de la encuesta, <u>90.45</u> por ciento de las y los <u>adolescentes de entre 15 y 18 años de edad</u> que va a la preparatoria recibió información sobre <u>cómo protegerse para prevenir un embarazo</u>, <u>89.3</u> sobre <u>cómo protegerse de otras enfermedades</u>, y <u>87.6</u> por ciento fue informado sobre <u>dónde conseguir un método de anticoncepción</u>. Al <u>85.65</u> por ciento se le informó sobre <u>cómo usar correctamente un condón y otros métodos de control natal</u>; el <u>80.4</u> sabe <u>cómo vencer barreras para conseguir anticonceptivos</u>, y el <u>76.8</u> por ciento adquirió conocimientos sobre <u>las relaciones sexuales</u>"*, (Escrito por <u>La Redacción</u> 29 abril, 2015).

Padres que leen esta información tan importante, no crean por un segundo que las escuelas están haciendo su trabajo, en educar a sus hijos solo en lo esencial. Las escuelas han tomado control sobre un tema que antes solo pertenecía a los padres, están hablando con más frecuencia sobre la sexualidad. Si los padres no toman dominio sobre estos temas, las escuelas les enseñarán que la integridad para con Dios es para personas de mentes cerradas. Si los padres no toman dominio sobre la educación de sus hijos, las escuelas les enseñarán que Dios es un mito y todo lo que la Biblia dice es ficticio. Amigo(a), qué estás leyendo este libro, si tu no disciplinas a tus hijos en el temor del Señor el mundo les enseñará cómo ignorar a Dios y aborrecer Su palabra. ¡Tú decides qué problemas enfrentarás en la juventud y adolescencia de tus hijos!

VISTA "Y vio la mujer que el árbol era bueno para comer, y que era agradable a los ojos, y árbol codiciable para alcanzar la sabiduría;" (Génesis 3:6 NTEl enemigo sabe muy bien que cualquier cosa atractiva a la vista es una trampa fácil para los hijos. La pornografía, la prostitución y el dinero son las trampas básicas que usa el enemigo para inducir a los hijos a que comiencen a perder su integridad, con la finalidad de que se alejen de Dios. En cualquier video de las redes sociales se ve a personas revelando o exponiendo montones de dinero que se ganaron a base de actos o negocios ilícitos, prostitución y acciones que los llevan a perderse totalmente. Ahora, a cualquier persona que no tiene conocimiento de Dios, se le hace fácil exponerle su vida íntima a la sociedad que la rodea, hasta niveles mundiales. Estas son algunas de las tentaciones de las cuales los hijos deben ser informados e instruidos para evitar que caigan en ellas.

Como hijo de pastor, me es de gran pesar y gran lástima ver como los hijos de personas cristianas están perdidos en la drogadicción, en el pecado, en el mundo; algunos ya están muertos, otros presos y algunos otros en peligro. Esto es una lástima, no debería estar sucediendo dentro de las familias que sirven a Dios con la mente, alma y corazón. Estamos descuidando a las nuevas generaciones de jóvenes y adolescentes. No podemos permitir que el libertinaje del mundo se infiltre en las familias de Cristo. Debe haber una separación, una distinción; las familias que sirven a Dios son familias que tienen una separación del mundo y sus placeres. No podemos alzar la "bandera de ignorancia" al mundo, necesitamos alzar el "estandarte de guerra" y luchar por los niños, adolescentes, jóvenes; hijos de familias cristianas y no cristianas.

¡Tenemos una misión que cumplir! Y eso es, instruir y dirigir a nuestros hijos en el temor de Dios.

El enemigo les podrá poner en bandeja de plata la miseria del mundo, pero podrán rechazarlo, si los padres hacen un buen trabajo, educándolos y explicándoles el *porqué* los hijos de Dios no hacen lo mismo que los del mundo.

TACTO

"y tomó de su fruto, y comió; y dio también a su marido, el cual comió así como ella" (Génesis 3:6 NTV).

El enemigo es muy astuto, y sabe que cuando los hijos están lejos de sus padres, son más vulnerables a cometer errores y tomar decisiones que pueden afectar su vida. El enemigo nunca tomará la oportunidad de ofrecerles sustancias que pueden hacerles daño mientras que el padre esté presente, siempre hará su mejor esfuerzo, cuando la protección de los padres es nula y la ausencia se manifiesta, es el momento perfecto cuando tira sus mejores saetas de destrucción para arruinar la vida de los hijos. Por eso es importante que los padres den a conocer a sus hijos lo que es bueno y lo que es malo, enseñándoles que las consecuencias de cada acto no son nada agradables.

Los padres necesitan ser vigilantes ante las amistades que los hijos escogen en el transcurso de su vida. De igual manera, enseñarles cómo escoger a sus amigos. Deben ser instruidos e informados de que *no todo el que dice ser "amigo" es amigo*, deben saber y aprender desde pequeños que los amigos que hacen cosas que no son correctas, no son personas que deban estar cercanas a ellos por qué pueden provocar tropiezos en el camino y eso nos detiene para alcanzar el éxito en la vida. Una "persona" que hace daño a tu vida no es un amigo, sino un simple conocido.

Es importante que los hijos sepan que cualquier cosa que haga daño a sus sentidos comunes y espirituales son "fruta prohibida" que no se debe tocar ni codiciar. Así como Dios le dio instrucciones a Adán y Eva sobre los árboles que puso en medio del Edén, lo mismo sucede hoy en día, hay las tentaciones en el "huerto de la vida" deben ser evadidas y expulsadas, para que todo les vaya bien, que la paz, las promesas de Dios se cumplan y sobre abunden en cada uno de ellos.

No permitas que la ignorancia abunde en tu entorno. Necesitas ser un padre precavido sobre la vida de tus hijos.

"¡Estén alerta! Cuídense de su gran enemigo, el diablo, porque anda al acecho como un león rugiente, buscando a quién devorar" 1 Pedro 5:8 (NTV)

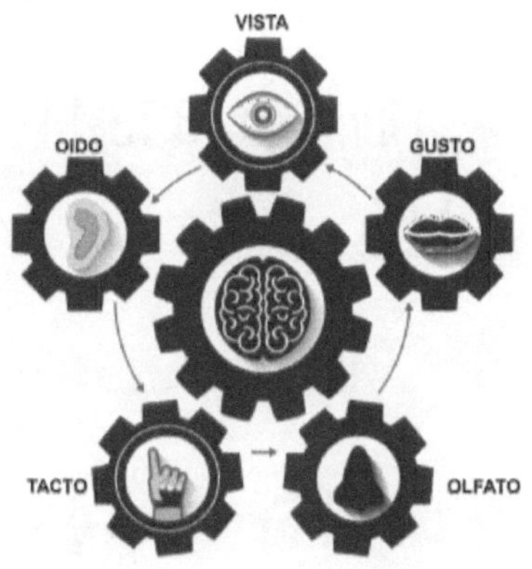

Capítulo 4

Son otros tiempos

No, amados hermanos, no lo he logrado,[a] pero me concentro únicamente en esto: olvido el pasado y fijo la mirada en lo que tengo por delante, y así 14 avanzo hasta llegar al final de la carrera para recibir el premio celestial al cual Dios nos llama por medio de Cristo Jesús.

Filipenses 3:13-14

Actualmente las nuevas generaciones están experimentando y trabajando constantemente con la ciencia, es un avanzar en todos los aspectos de nuestra vida más aceleradamente. Todos los días salen ideas e inventos nuevos a la luz de la sociedad. La revolución de la tecnología ha incrementado a una velocidad que jamás se había visto.

Este tipo de experimentos están empujando a la sociedad, para acelerar el proceso de adaptación e innovación para no quedarse atrás. Al mismo tiempo hay una demanda de aumento de fe, para aquellos que necesitan adaptarse a los nuevos cambios que hay en el mundo. El mayor y más grande ejemplo fue la pandemia del COVID-19 en el 2020. En enero de 2020 parecía que todo estaba normal y que así continuaría, sin embargo, nunca se esperó que marzo del mismo año sería el mes "del cambio" en el mundo entero.

Estados Unidos comenzó a implementar leyes para la nueva normalidad, por ejemplo, usar protección para mantener la buena salud y proteger a nuestra familia. Todos los mercados tuvieron que actualizar su estrategia de comercio, los cines establecieron aplicaciones para que las personas pudieran ver las películas en casa. *Uber eats* y *Door Dash* incrementaron sus ganancias con la pandemia por el servicio que ofrecen. Los mercados limitaron el consumo de comida y los países cerraron el acceso de sus fronteras. Todo el mundo se paralizó debido a las condiciones y situaciones que estaban viviendo los países. Las calles estaban vacías, nadie salía, nadie visitaba. Todas las calles por primera vez en décadas se paralizaron, pero el mundo siguió innovando las maneras de continuar con la vida.

En las etapas transformacionales de cada familia siempre hay pausas. Estas a veces son provocadas por problemas o pérdida de bienes o familiares, pero siempre hay una pausa. Con estas pausas familiares cada padre debe de tener presente en su mente que la vida sigue, el sol y la luna siguen en movimiento, los hijos siguen creciendo, y constantemente están evolucionando en su manera de pensar y de ver las cosas en este mundo. Vivir en una sociedad y en una generación que actualiza su conocimiento, requiere que los padres sigan innovando su nivel de conocimiento. Así como los hijos siempre están a la espera de que salga un celular nuevo, un *PS* o *Xbox* nuevo, así deben los padres esperar por la información fresca que circula en las redes y en nuestros alrededores.

Es Importante que cada padre entienda que aquellos quienes deciden pensar que los niños de hoy son igual a los niños de antes están poniendo a su familia en peligro. Los padres quienes deciden tomar esta conducta con sus hijos de abrazar la ignorancia y dejarlos ser, son quienes en tiempos futuros sufren las consecuencias de tener que perder un hijo, una hija, un sobrino, tío, o vecino cercano. Necesitamos tener siempre presente que entre más rápido evoluciona la sociedad, más rápido se tiene que actuar con los hijos.

El tiempo es corto y los hijos crecen, los padres tienen que innovar su conocimiento para poder estar atentos a lo que el mundo les está ofreciendo a las nuevas generaciones. Solo así se podrán tomar precauciones firmes. Cada día la maldad del mundo está creciendo y aumentando su exposición a la sociedad. Como en los tiempos de Sodoma y Gomorra, aquellos quienes han permitido que la maldad los contamine están comenzando a tomar las mismas acciones. Ahora todo mundo está pidiendo derechos de maldad. Antes solo eran las personas que no creían en su sexo de nacimiento. Ahora personas con trastornos mentales quienes practican la pedofilia, el acoso y la violación están pidiendo derechos, están luchando en contra de la sociedad en la que nos encontramos. Ya no hay respeto, los moralistas se están torciendo, la buena ideología sana y perfecta está siendo atacada como en los días de Noé.

Padre necesitas actualizar tu conocimiento, necesitas actualizar tu sentido común. Cada día, cada minuto, cada segundo la sociedad se está volviendo más peligrosa. Protege a tus hijos, guíalos, orienta sus vidas en el camino de la justicia. No dejes que esta nueva sociedad comience a invadir la mente y el corazón de tus hijos. Ahora que tienes la oportunidad de hacer la diferencia en tu casa, aprovecha el tiempo que tienes para preparar a tus hijos, nietos, hermanos, tíos, familiares, amigos. Ya no estamos en los tiempos de normalidad, estamos en los tiempos más difíciles en donde la maldad sigue ganando terreno. La maldad jamás se había visto tan expuesta desde los tiempos de la antigüedad. La Biblia profetiza claramente que el mundo se trastornara y se pondría en malas condiciones como en los tiempos de Noé. No enciendas tu luz de ignorancia, es tiempo de pelear como los buenos soldados de Cristo que somos.

Dentro de todas estas batallas que están aconteciendo en la sociedad actual recuerda que no estamos peleando contra carne ni sangre sino contra huestes espirituales de las regiones celestes. Estamos en el tiempo de la apostasía, estamos en los tiempos finales. No cierres tus oídos, no frenes el conocimiento en tu vida, actualiza tu saber, investiga con más profundidad la artimañas que se están implementando en estos tiempos.

La vida de tus hijos depende del conocimiento que tienes en tu mente y corazón. No te cierres, no te eches hacia atrás. Ahora es el momento de que los padres tomen autoridad sobre sus hogares para preservar el plan divino de Dios en la vida de cada hijo. Dios tiene buenos planes y propósitos para tu familia, tus hijos y tu descendencia por venir. Así como Jacob luchó con el ángel para que cambiara el rumbo de su descendencia, así mismo necesitas pelear tú. Ya no estamos en los tiempos del siglo pasado. Estamos en los tiempos más peligrosos de los tiempos presentes y del futuro.

Ya no estamos en "aquellos tiempos", no nos cerremos en reconocer que "aquellos tiempos" ya pasaron y no podemos volver ni repetir el pasado, necesitamos seguir avanzando hasta llegar hacia nuestra meta final que es la corona de vida que nos espera en el Cielo.

Los tiempos que como padre o madre viviste, esos tiempos en donde la inocencia aún existía, se está desapareciendo con el pasar de los días y el avance de la tecnología. Ser más constante con la vigilancia y el bienestar de tus hijos. No nos dejemos engañar por el hecho de que los hijos están en casa y nunca salen, no tienen la habilidad de hacer cosas indebidas. Ahora existen las videollamadas, los cuartos de chat, hay cámaras integradas en cada celular inteligente. No se necesita salir de una casa para hacer mal a alguien, con el simple toque de una tecla en nuestros celulares se puede determinar hasta la vida o la muerte de una persona.

No seamos ignorantes hacia el tiempo en el que nos encontramos. Piensa en la paz de tus hijos. Piensa en la salud emocional y espiritual de tu familia. Piensa en la salvación eterna de las almas de cada uno de ellos.

No dejes que el aceite de tu lámpara se termine. Sigue consiguiendo ese aceite que mantiene a tu familia bajo la protección de Dios. Sigue consiguiendo ese alimento espiritual. No abandones a tus hijos en una tarea, un proyecto o una presentación de su escuela, acompáñalos en sus responsabilidades, dedícales el tiempo que ellos necesitan de tu parte. No creas que un celular, una tableta, un televisor podrá reemplazar el tiempo de existencia que les puedes dar para orientarlos, dirigirlos e instruirlos en el buen camino del Señor.

Si el mundo innova su tecnología, tú sigue innovando tus estrategias para seguir dedicando el tiempo requerido a tus hijos. Filipenses 4;13 nos dice que todo lo podemos hacer en Cristo quien nos fortalece! ¡No bajes la guardia!, ¡sigue luchando!, ¡sigue peleando!

Si el mundo puede innovar sus estrategias para atraer a la juventud. Tú puedes innovar tu conocimiento. Si el mundo puede avanzar, tú también lo puedes hacer.

Si la educación que tus hijos reciben en las escuelas no está haciendo la diferencia es porque necesitas meter tus manos para instruir y dirigir a tus hijos.

No esperes que un reclusorio, una prisión, una cárcel, una pandilla, otros padres, o los maestros les enseñen a tus hijos cómo vivir la vida. Dios te permitió tenerlos porque sabía que ibas a poder con el compromiso, no cierres tus oídos a la confusión que pudieran tener, críalos, amalos, abrázalos, bésalos, proporciona ese cariño que cada hijo necesita de sus padres. Solo tú puedes darle lo que el mundo ni sus placeres les puede dar.

Capítulo 5

La importancia de ser trasparentes.

Y ahora, amados hermanos, una cosa más para terminar. Concéntrense en todo lo que es verdadero, todo lo honorable, todo lo justo, todo lo puro, todo lo bello y todo lo admirable. Piensen en cosas excelentes y dignas de alabanza.

Filipenses 4:8

La personalidad y madurez de una persona es demostrada cuando es sincera, leal y educada. La transparencia es un hábito importante en una relación de padres e hijos porque demuestra madurez, crea confianza, paz y crecimiento personal en ambas personas.

Los padres siempre se cuestionan:

¿Por qué se hizo rebelde mi hijo?

¿Qué le hice a mi hijo para que comenzara a comportarse de tal manera?

¿Qué tengo que hacer para que mi hijo me acepte y escuche mis consejos sin enojarse por lo que le digo?

¿Cómo puedo ser amigo de mi hijo y padre a la misma vez?

Los padres que llegan a tener estas preguntas en su mente están batallando, están frustrados y no saben la salida del problema. Lo único que ven es el amontonamiento de problemas en la escuela, con los maestros, en las calles, en las cárceles, y aun frente a una lápida con el nombre de su hijo/a que descansa en agonía 3 metros bajo tierra.

Es muy triste decir que esto es una realidad y no ficción. Son miles de padres cristianos que batallan todos los días con sus hijos y no saben como solucionar el problema, se frustran, se desesperan, bloquean el sentido común porque cada cosa que intentan no les funciona, o hacen que la situación empeore y esto es por falta de transparencia.

Cada padre que batalla con sus hijos se cansa, se detiene en frustración porque no sabe la salida a su problema pero no es que alguien le haya dado una mala influencia para que se comportara de esa forma, tampoco es porque los padres esté fallando en la crianza de los hijos, mucho menos son las enseñanzas de los maestros en la escuela. Querido lector, si tienes estos síntomas, te tengo una noticia que te dolerá, pero te servirá porque no hay nada más que remedie los problemas que la honestidad, sinceridad y voluntad propia.

El problema no es tu cónyuge, ni tu pastor, ni los amigos de tus hijos. El problema eres tú...si, lo acabo de decir. El problema eres tú. Como padre debes acordarte siempre que los hijos son el reflejo de tus palabras y acciones. Si tus hijos se están comportando de una manera inapropiada es porque tu estas haciendo algo mal que los conduce a portarse de esa forma. Los hijos por naturaleza son buenos, son personajes en necesidad de mucho amor, afecto, comprensión, palabras de aliento, palabras de apoyo moral, emocional y espiritual. Si los hijos están satisfechos en todas estas áreas de su vida, saben ser agradecidos, valoran tu esfuerzo y se dedican a querer obrar de forma que te agrade, te haga feliz y que de igual manera los puedas seguir complaciendo y complementando con todo lo que necesitan. Los hijos aman a sus padres, pero detestan las malas acciones de injusticia, indiferencia, acciones y palabras hirientes e ilógicas que puede cometer un padre. Te daré un ejemplo.

Cuando era pequeño, aproximadamente de 8 años, me acuerdo que estudiaba en el segundo año de la primaria o *second grade*. Me acuerdo bien que era un niño que tenía un corazón muy alegre, me inspiraba en los logros de los demás, quería ser como los demás niños de mi clase con premios de parte de la escuela y por mis padres. De chico siempre fui una persona que se esforzaba por dar lo mejor para sentirme satisfecho y realizado.

Mi maestra del segundo año Mrs. Putzik una señora ya de edad, con carácter, sincera, y sobre todo honesta fue la maestra que agregó inspiración a mi esfuerzo y dedicación como niño de 8 años. Fue una maestra que su enseñanza no solo era de las materias de protocolo, sino enseñanzas de vida que nos inspiraban y motivaban a ser niños dedicados a sus estudios y a la vida. Era una maestra agradecida, sabía reconocer y premiar a sus estudiantes por el esfuerzo y el esmero que le ponían a su trabajo. Era una señora dulce de palabra e inspiradora con su personalidad.

Recuerdo que una vez nos dijo a todos los estudiantes en tiempo de historia: "You have to learn to be dedicated and disciplined to you studies so you can become an A+ student you can't go around making up shinanigans along the way. Work hard and your prize will come to you, focus on the prize...", esto es: "Tienes que aprender a ser dedicado y disciplinado en tus estudios para que puedas ser un estudiante sobresaliente, no puedes ir por la vida creando engaños en el camino, Trabaja duro y el premio vendrá a ti, enfócate en el premio…". Esas palabras me llenaron de inspiración y motivación para hacer y dar lo mejor de mi. Después de esas palabras, nos esforzábamos, compitiendo en quien tenía las mejores calificaciones y quien recibía un diploma de reconocimiento de parte de la escuela y la maestra.

Un día, posterior a ésto, después de tanto trabajo, esfuerzo y dedicación en mis estudios llegó el día de las calificaciones. Era un día en el que todos los niños estábamos a la expectativa, algunas reacciones eran de alegría otras de tristeza, porque tenían buenas y malas calificaciones, por lo tanto, sus privilegios dependían de esos resultados. Me acuerdo que ese día con mucha emoción esperé recibir mis calificaciones de parte de mi maestra. Y al retirarnos de la escuela cada quien recibió su sobre de calificación del semestre, abrí el sobre para verlas con mucho desespero, quería que mi esfuerzo saliera en ese papel porque quizá podría recibir un halago o una felicitación de parte de mis padres y quizá un premio físico.

Recordando un poco, traje a mi memoria que llegando a casa vi que había sacado muy buenas calificaciones, que me distinguían como un estudiante sobresaliente. Esa noche me emocioné demasiado porque mis calificaciones eran de lo mejor. En mi mente había una gran ilusión, que mis padres estarían contentos, que me darían una abrazo, anhelaba ver una sonrisa de parte de mi padre, un abrazo y hasta un high 5. Me sentía muy emocionado ya que había superado mis malas calificaciones que tenía anteriormente.

Mi madre cuando vio las calificaciones me otorgó esa sonrisa de felicidad que estaba esperando por haber hecho un buen trabajo. Y en seguida un abrazo y un beso. Como amo a mi madre… Unas horas después llegó el jefe de la casa, mi papá.

Recuerdo que ese día mi papá llegó un poco tarde del trabajo cansado y se sentó a la mesa mientras mi madre servía la cena de esa noche. Después de haber comido y platicado un rato con mis papás y mis hermanos durante la cena, decidí sacar mis calificaciones de mi mochila para mostrarles y que las viera, para que me felicitaran por haber hecho un buen trabajo… y llegó el momento de la verdad…

Saque mis calificaciones de mi mochila, asegurándome de que los papeles no se vieran arrugados, y si lo suficientemente acomodados, para que él los viera, analizara y me diera mis palabras de felicitación y así premiar mi esfuerzo. Corrí por el pasillo hacia el comedor de aquel departamento. Me acerqué a mi padre después de que había terminado de comer y recoger su plato. Y le dije: "Papi", mira lo que me dieron, mira lo que te traje, son mis calificaciones de la escuela, saque muchos cuatros es lo más alto que hay, pase mi clase pa, me dieron buenas calificaciones, es mi reporte de calificaciones, ¿cómo la ves?

Sin tardar tanto mi papá tomó los papeles y observó los números por unos 30 segundos y me dijo: "A mi no me importa tus calificaciones, no me traigas esos papeles porque no me sirven de nada, me importa que te comportes y seas un niño obediente...". En ese momento tomé los papeles y agache la cabeza de decepción y con lágrimas en los ojos me retiré del comedor y caminé lentamente hacia mi cuarto con mucho sentimiento de coraje, un corazón roto, una mente perturbada y confusión en mi mente. Era un niño de solo 8 años queriendo hacer feliz a sus papás y sobre todo a mi padre, pero esas palabras me hirieron, me hicieron sentir que una lanza traspasó mi corazón y me rompió.

Esa noche me quedé en mi cuarto llorando. Me acosté llorando volteando hacia la pared en donde pegaba la litera que compartía con mi hermana Kalina. Fue la peor noche de mi vida, jamás había pensado que el hombre que amaba con todo mi corazón, al que le tenía tanto cariño desde que tuve uso de razón, mi super héroe, traicionaría mis emociones. Jamás pensé que mi mejor amigo lastimaría mis sentimientos con palabras tan ásperas hacia mi persona. Recuerdo que mi madre miró la acción que tomé cuando mi padre me dijo tales palabras y fue al cuarto a visitarme después de haber recogido todo lo de la cena. Fue a mi cuarto a sentarse a un lado mío para consolarme y darme palabras de aliento. Me abrazó y me alentó para intentar ayudarme con la situación, ella lo vio y escuchó, de igual manera se decepcionó por lo que me habían dicho.

Solo recuerdo haber llorado toda la noche sin entender nada, solo eran unas calificaciones, ¿qué le costaba ser feliz? ¿Qué le costaba premiarme aunque sea con un abrazo? ¿Qué le costaba darme unas palabras de motivación para que siguiera trabajando duro y esforzarme a sacar mejores calificaciones? Esa noche fue una noche inolvidable para mi vida, sabes qué fue lo peor, que no hubo palabras de perdón o disculpas, simplemente el silencio de mi padre.

Después de esas palabras, el tiempo pasó y yo seguía en la escuela, pero por un tiempo fui decepcionado y lastimado por las palabras de mi padre. Esas palabras retumbaban en mi cabeza de día y de noche, mientras comía, dormía, jugaba y cuando me sentaba a solas a meditar. Esas palabras retumbaron en mi cabeza por muuuuucho tiempo.

Eventualmente conforme iba creciendo y mientras el tiempo pasó, muchos años después tuve que aprender a perdonar para que esa herida en mi corazón sanara. Me costó mucho cicatrizar esa herida que fue tan profunda. Me costó años, meses, días, años, minutos y segundos poder sobrellevar ese suceso en mi vida y perdonar a mi papá, pero ya no fui el mismo.
Tuve que aprender a motivarme a mi mismo y encontrar un causa por la cual seguir haciendo el mejor trabajo, eso fue mi felicidad y mi satisfacción, porque había alguien a quien sentí que no podía hacerlo feliz de ninguna manera con mis estudios.

No cometas el mismo error que mi padre, tratar mal a tus hijos con palabras que los podrían ofender, no les hagas gestos, no tomes acciones, no tomes decisiones instantáneas en contra de ellos, recuerda que son regalos que Dios te da en la vida. Eres dichoso en poder tener hijos, no lastimes sus sentimientos. No dañes la buena imagen que tienen de ti. Una palabra, una acción, un gesto, un mal golpe, una mala conducta, puede ocasionar que tus hijos se metan en las drogas para tratar de cicatrizar esa herida en el alma. Con un mal gesto puedes ocasionar que tus hijos se metan al alcoholismo para querer ahogar ese dolor que sienten en su pecho. Esas palabras y malos gestos pueden ocasionar que tu hijo quiera pelearse con los demás solo para sentirse bien, solo para sentirse realizado. No cometas estos errores, tú eres su superhéroe, tú eres el que debe mostrar que estás ahí para ellos en todo momento, sean buenas o malas las cosas no le demuestres que tienes desprecio en lugar de halagos, tu indiferencia puedes lastimarlos y marcarlos de por vida.

Es cierto que pueden portarse mal, que te pueden sacar de quicio por cómo se comportan o como hacen las cosas, pero son tus hijos. No seas duro en el área de las emociones. Se duro en la disciplina moral, en la disciplina correccional, para que aprendan a valorar, pero no seas duro en las emociones, porque no sabes el daño que puede ocasionar y el efecto dominó que puede suceder con tan solo una palabra, un gesto, una mala acción, o una mala cara.

Quiero que seas transparente contigo mismo, que analices tus acciones, cada cosa que has dicho y hecho con tu familia. Analiza los comportamientos que has tomado con ellos, acuérdate de las malas palabras, los gritos, quizá golpes, acciones ofensivas, apuntalos siendo sincero contigo mismo, este es el inicio de la sanidad para tu hijo, esto es lo que necesitas para empezar arreglar y ayudar a tu hijo. Apunta con un lápiz todas los malos momentos que has tenido con tus hijos y de la forma que te comportaste:

Ahora que has escrito cada momento malo que has tenido con tus hijos analiza cada problema y continua el diagnóstico y resultado en ellos.

Reflexiona sobre lo siguiente:
PREGUNTAS SOBRE LA ACTITUD DE TUS HIJOS

¿Cómo se comportó después de ese problema?

¿Qué cambió en tu hijo después del problema?

¿Qué hábitos ha desarrollado después de ese mal momento?

¿Te ha faltado el respeto?

¿Ha ignorado tu hijo tus consejos?

¿Ha sido indiferente emocionalmente contigo?

¿Ha alzado la voz en discusiones recientes?

¿Ha desobedecido alguna orden o un favor que le has pedido?

PREGUNTAS PERSONALES:

¿Qué hiciste tú después de ese problema?

¿Le pediste perdón por tus malas acciones?

¿Intentaste hablar con él para solucionar el problema?

¿Llegaste a un acuerdo con él para que no se vuelva a repetir?

¿Le pediste perdón a Dios por haber sido indiferente con tu hijo?

¿Te arrepentiste de tus malas acciones hacia tus hijos?

¿Cambiaste tu manera de comunicar las cosas?

¿Cambiaste tú como persona o seguiste siendo igual?

En las próximas líneas contesta las preguntas que acabas de leer, sé sincero y respondete a ti mismo lo que has hecho.

La mayoría de los padres reaccionan, accionan y olvidan, pero los hijos no. Ellos son como grabadoras ambulantes, cada acción que tu tomas, cada palabra que ejecutas, cada movimiento, cada decisión a favor o en contra de su comportamiento, ¡jamás se les olvidará!, y más si nunca les pides perdón y llegas a una reconciliación.

Necesitas ser transparente, reconocer tus errores como padre y poner manos a la obra para comenzar a arreglar el problema, remendar las heridas que has ocasionado y tomar responsabilidad del sufrimiento que le has ocasionado a tus hijos.

Quizá te dirás: "pero no le hice nada a mi hijo para que reaccione de la forma en la que está viviendo, no tiene nada que ver su comportamiento y toma de decisiones con lo que yo soy". Sin embargo, créeme que si tus hijos están reaccionando anormalmente es porque algo has hecho mal, y lo que más duele es que un padre no reaccione, no sea transparente y honesto para pedir perdón, para disculparse por sus malas acciones y decisiones.

Si es cierto que a veces la palabra de Dios da órdenes, de los padres hacia los hijos y se desglosa simultáneamente con instrucciones para corregir y disciplinarlos, pero no siempre es a la primera palabra. Necesitas aprender que la palabra de Dios a veces es muy dura al hablar, pero el Espíritu Santo está para llevarte a toda JUSTICIA y a toda VERDAD. Usa al Espíritu Santo, conectate con Dios para que pueda guiarte a resolver, comunicar y sanar a tu familia. Si puedes comenzar a hacer eso, te lo garantizo que el rumbo de tus hijos cambiará y tendrás los anhelos de tu corazón cumplidos al verlos felices y prósperos en todo lo que hagan.

Si estás batallando en desglosar la solución, en la siguiente página te escribo las respuestas para tu problema. Pero primero lee esta Escritura sumamente importante que debes tener presente siempre en tu mente al intentar resolver los problemas.

"Confiésense los pecados unos a otros y oren los unos por los otros, para que sean sanados. La oración ferviente de una persona justa tiene mucho poder y da resultados maravillosos". Santiago 5:16 (NTV)

PREGUNTAS FRECUENTES AL TEMA:

¿Cómo se solucionan las ofensas con mis hijos?

Paso #1: Reconoce tus fallas, y anota cada una en una libreta

Paso #2: Arrepiéntete por haber cometido las ofensas

Paso #3: Pide perdón a Dios por no haber tratado a tus hijos como el tesoro que son.

Paso #4: Ora a Dios para que te dé las palabras correctas para reconciliarte con ellos.

Paso #5: Agenda una cita con tu hijo, Invítalo a comer a un restaurante o aun en tu propia casa (Si es que se puede). Prepara un regalo de paz, algo que lo haga sentir bien cuando lo recibas. Mejorará el resultado de tu intención. ¿No me crees? Lee: Génesis 32 y 33.

Paso #6: Al llegar al lugar no te precipites, intenta suavizar el ambiente preguntando "¿cómo está?" "¿cómo te sientes?" "¿Qué has hecho?" Intenta calentar la atmósfera demostrando que te importa su bienestar y su salud.

Paso #7: Sé claro, sé directo. No le des vuelta a la conversación, puede ser que tu hijo se aburra y mejor se vaya o tal vez no llegues al tema principal de todo. ¡OJO! Podrás tener nervios, pero ignoralos, por tu relación con él vale la pena que pierdas el orgullo. Sobre todo recuerda: *¡SÉ TRANSPARENTE, HONESTO Y SINCERO!*

Paso #8: Pídele perdón por tus ofensas, sé específico en cuáles ofensas. RECOMENDACIÓN: Lleva esa libreta contigo para que puedas leer las ofensas de las cuales quieres pedir perdón y te quieres disculpar.

Paso #9: Después de haberse pedido perdón el uno al otro, pon en práctica Santiago 5:1. Oren juntos. Haz una oración de paz, toca el corazón de Dios para que fortalezca tu relación familiar.

Paso #10: Otorgarle un abrazo sincero, dale un beso, dile lo mucho que lo amas, que lo quieres. Dile lo mucho que te importa. Dile palabras de esperanza y amor. Si es necesario que ese abrazo dure mucho, quédate ahí abrazando a tu hijo. Esos momentos son los más esenciales para sanar las heridas. Esos momentos son los que cambian radicalmente la vida de los hijos, les hace ver el propósito, les hace sentir confianza y los levanta de donde están.

La transparencia tiene un precio y tiene su premio. Quizá te preguntes "¿Cuál es el precio?" la respuesta es: Tu orgullo, ¿qué tanto estás dispuesto a humillarte para ser sincero, transparente y honesto contigo mismo?

¿Vale la pena? Tu dirás si vale la pena. ¿Quieres seguir en pleito con tus hijos o quieres llevar la fiesta en paz con todos? Te diré una cosa. La paz mental y espiritual trae alegría, armonía, descanso y salud. Los problemas traen enfermedades, pleitos, cansancio y hasta la muerte. No vale la pena cargar con tanto rencor o con tanto odio y resentimiento. Es mejor solucionarlo y seguir la vida. Dios nos dio la capacidad de ser sabios y su espíritu para tener poder sobre nuestras decisiones. Tú eliges si quieres seguir engañándote o si quieres ser sincero contigo mismo y arreglar las cosas como debe de ser.

¿Cómo puedo traer armonía y comunión con mis hijos?

1. Sé transparente con tus hijos, no cubras una verdad con una mentira eso lo arruina todo. Fomenta la confianza con ellos.

2. Sé honesto a toda hora. Ser honesto no es una máscara, es un estilo de vida. La honestidad no se habla, se practica y se vive para dar resultados buenos.

3. Sé sincero a toda hora, a veces incomoda el momento pero es necesario. Es mejor ser sincero y honesto que mentiroso e hipócrita. Ser sincero no hace mal a nadie cuando se vive con justicia.

Capítulo 6

No hables, escucha la razón

Mis amados hermanos, quiero que entiendan lo siguiente: todos ustedes deben ser rápidos para escuchar, lentos para hablar y lentos para enojarse.

Santiago 1:19

Todo hijo que nació completo, vino a este mundo con la habilidad de hablar y escuchar. Al igual que todos, nacieron con el derecho de comunicar sus sentimientos, las razones para expresarse de la manera en que se sienten hábiles.

Hay un problema en la actualidad que está ocasionando que los hijos se conviertan en seres insensibles, ignorantes, y difíciles de criar. Eso es porque hay falta de comunicación. Como todos sabemos, la comunicación es fundamental en nuestra vida, por ello usamos la boca, las manos, los pies, las expresiones faciales, y aun la literatura. Esto es un conocimiento que sabemos todos desde que nacemos.

Los hijos tienen el conocimiento suficiente para poder ejercer su habilidad de comunicar y expresar lo que sienten. Esto es algo que los padres a veces por tiempo, estrés, o situaciones difíciles de la vida ignoran este detalle de sus hijos. Es algo que está causando problemas en ellos como inseguridad, descontrol, depresión, ansiedad, estrés, y aun hasta enfermedades como anemia, escalando a leucemia, y tristemente la muerte.

Todo estos sucesos por causa de padres que no le tomaron la suficiente importancia a algo que su hijo quiso comunicar. Esto es una epidemia actual que está acabando con la vida de muchos adolescentes y jóvenes de la actualidad. Quizás no estés informado, pero a pesar de que los hijos se vean bien, y hagan actividades uno nunca sabe lo que están pasando. Estamos en los tiempos en que se están desarrollando con más rapidez por el tipo de educación que hay, y este proceso ocasiona que los niños aprendan a evaluar, y procesar las cosas de la vida desde temprana edad.

Esto es un arma de dos filos, incita a que piensen con razón y claridad pero al igual permite que los hijos entren en frustración personal. Pasan por frustraciones todos los días, en especial en la escuela donde reciben su educación. Como algunos sabemos, las escuelas están llenas de personas con hábitos y costumbres diferentes. Hijos de gente desconocida y de toda clase de cultura. Hay quienes son educados y otros que no. Esto causa una gran frustración por la manera en que cada uno se conduce.

Hay hijos que tienen una mala educación por parte de sus padres o de las personas que los están criando. Esto causa polaridad en algunos desde muy temprana edad. Un efecto negativo de la mala crianza es cuando tienen una perspectiva superior hacia otros y con su manera de socializar disminuyen el valor de otros. Esto en la actualidad lo llamamos "bullying". El Bullying es uno de los comportamientos más relativos desde que se tiene memoria dicen algunos, siendo uno de los cuantos frutos amargos que se experimentan a temprana edad.

Los hijos en algún punto de su vida pasan por la experiencia de recibir este comportamiento inapropiado, puede estar relacionado con su físico, su manera de hablar, caminar o comportarse, también reciben bullying aún por la situación económica en la que sus padres lo tienen.

Los hijos no tienen la culpa de esto, pero hay hijos de otras personas que son maleducados que no se les enseñaron modales y valores esenciales en la vida. No todos son criados con cordura. Hay niños que desde pequeños son groseros, irrespetuosos, peleoneros, abusivos, y conducen su vida maleducada haciendo daño a toda persona que se les atraviesa, sabemos que esto es por causa de padres irresponsables, pero ellos no tienen la culpa.

Son los papás quienes han fallado en corregir a sus hijos con cordura. Por este comportamiento es que muchos niños, adolescentes, y jóvenes pasan por momentos de inseguridad, descontrol, depresión, ansiedad, estrés, y aun hay quienes se quitan la vida porque no soportan la ansiedad que esa clase de personas los hacen sentir.
Cuando era pequeño experimenté lo que es el bullying. Cuando Dios permitió que mi madre me trajera a este mundo, se cumplieron las semanas establecidas, sin embargó, permanecí un tiempo más en su vientre antes de nacer. Ni madre ni los doctores supieron porque duré tanto, debía nacer el 7 de noviembre de 1996 y nací un 18 de noviembre de 1996. Era muy grande y me había tardado en nacer. Por esta razón, estaba en el vientre de mi madre apachurrado y sin espacio, esto ocasionó que mi cuerpo se moldeara al espacio que tenía, causando esto que mis orejas se doblarán para poder estar bien.

Ni en la escuela, ni en la Iglesia sabían porque había nacido así, solo que mis orejas estaban puntiagudas y con un poco de diferencia entre ambas. Estos pequeños detalles fueron lo suficiente para que los niños tomaran la libertad de ponerme sobre nombres como: "Elfo de santa", "Dumbo", "Orejas de trol", "Duende" y muchos otros nombres. Esto de pequeño me afectó, lastimo mi autoestima, jugó con mis emociones internas, hizo que tuviera rencor con mi propio cuerpo, por mucho tiempo sentí que era un error nacido en este mundo simplemente porque no tenía el físico que otros niños tenían. Experimente la ansiedad, el desespero, el desprecio, el rechazo, la selectividad de los demás.

Siempre era el niño que nadie quería en su grupo para jugar, si me escogían era porque era lo último que había, no había más después de mi, siempre era el último para elegir porque mi físico y mis orejas no les agradaba. De pequeño las niñas me miraban con desprecio, rechazaban mi amistad simplemente porque para ellos no era aceptable por mis orejas anormales. Esto causó mucha duda en mi interior.

Fueron muchos años que experimenté el desprecio y rechazo de los alumnos de mi salón, el rechazo de las niñas, la burla de mis compañeros, la selectividad de los pastores, y la ignorancia de los hermanos. Fueron muy pocas las personas que se acercaban para platicar, jugar, bromear y aprender conmigo. Mi infancia estuvo llena de todo lo negativo y depresivo que puede experimentar un niño. Reportaba el bullying con los maestros pero no ayudaban mucho, les decía a mis compañeros que por favor me dejaran en paz pero lo único que recibía era más burla, más crítica, más sobre nombres, más comparaciones, más desprecio, rechazo, humillación, ansiedad, inseguridad, baja autoestima y más odio hacia mi cuerpo.

Es importante que seas más precavido con tus hijos, necesitas estar más atento a las acciones y reacciones que toman tus hijos, quizás no sepas pero tu hijo podría estar recibiendo este tipo de traumas psicológicos por el tipo de compañeros con los que le toca convivir en su escuela o en la Iglesia. Jamás en la vida se a visto que en alguna escuela haya ausencia de discriminación entre compañeros. Este tipo de comportamientos existe en todo nivel y tipo de escuela, tu hijo podría ser víctima de aquellos niños que no tienen la suficiente capacidad para entender que ellos no tienen el derecho de hablar, ni de juzgar sobre el físico o la personalidad de los demás. Necesitas prestar atención en la vida de tus hijos lo más que puedas mientras están en su proceso de desarrollo.

Los chicos que se forman con inseguridad terminan siendo temerosos, con dudas, y aun se sienten sin valor por lo que otros les han dicho. Llegan a pensar que su vida no es lo suficientemente importante para existir en esta vida. Necesitas enseñar a tus hijos, valores y principios de una persona educada para que ellos puedan defenderse sin lastimar a las demás personas. ¡Es esencial! No podemos permitir que los hijos sean la copia de alguien más que falló en ser un padre responsable.

RECUERDA:

Un padre responsable cría y educa para hacer de sus hijos personas respetables, de buenos modales, desarrollando en ellos seguridad y un corazón sano.

Un padre responsable escucha a sus hijos en los momentos más difíciles de su vida. No eches en saco roto las palabras que tus hijos intentan comunicarte. Amar es escuchar, ignorar y juzgar es menospreciar a tu familia.

PREGUNTA FRECUENTE:

¿Cómo puedo saber si mi hijo está experimentando comportamientos de desprecio y depresión en su vida?

Respuesta: Los hijos que han recibido tales comportamientos,

conducen su vida con signos que los hace destacar de entre las demás personas. Algunas de las señales que presentan las personas que están lastimadas por dentro, es que movilizan su vida con **algunos signos y síntomas frecuentes en la depresión y ansiedad que se deben de analizar con mucha precaución, veamos:**

1. Persistente estado de ánimo triste, pleno de ansiedad o "sin sentido"

2. Cambios en los hábitos de sueño

3. Reducción del apetito y pérdida de peso o aumento del apetito y aumento de peso

4. Inquietud,

5. Irritabilidad

6. Síntomas físicos persistentes que no responden a tratamiento, tal como dolor crónico o trastornos digestivos

7. Dificultad para concentrarse en el trabajo o la escuela, o dificultad para recordar cosas o tomar decisiones

8. Fatiga o pérdida de energía

9. Sentimientos de culpa, desesperanza o inutilidad

10. Pensamientos de suicidio o muerte

11. Sensación de tensión interna

12. Reducción del apetito y pérdida de peso

13. Pérdida de interés sexual (Hijos Casados)

14. Cefaleas/Jaquecas

15. Mareos

16. Dolor de espalda

17. Problemas para respirar

18. Problemas de corazón

19. Problemas gastrointestinales

20. Dolor abdominal

21. Inseguridad

22. Siempre andan solitarios

23. No convive con las demás personas

24. Siempre se detiene en expresarse a la hora de socializar

25. Se queda callado

26. Camina de forma lenta con decepción y angustia

27. Es grosero e irrespetuoso al defenderse

28. No respeta los límites educativos.

29. Se viste con lastima, por lo regular colores negros

30. Se corta el cabello de forma que su rostro no se vea

31. Tiene un semblante que demuestra aflicción

32. Busca alternativas para deshacerse del dolor usando tatuajes y perforaciones extremadamente exóticas.

33. Escucha música depresiva

34. Evita la luz hasta llegar a desvanecer la luz que entra por su ventana tapando la luz con cortinas anti-sol

35. Se puede quedar encerrado en su cuarto todo un día, o por días sin salir

36. Tiene un desorden en su cuarto

37. Es irresponsable y desorganizado

38. Es atraído a todo lo que tenga que ver con el arte y la cultura gótica, emo, y aun a lo satánico.

39. Puede presentar señales de cortaduras en los brazos o las piernas.

40. Es atraído a dibujos y arte extrañas que demuestran rasgos de muerte, de oscuridad y tinieblas.

41. Se viste con flojera, no se arregla de forma presentable prefiere usar ropa floja que de su medida

42. Evita el aseo personal y prefiere una alternativa a lo limpio

43. Le interesa el tema de las drogas que ayudan aliviar su dolor interno como la mariguana, el éxtasis, la cocaína, el cristal, pcp entre otras.

44. Es inducido a salir a las fiestas porque es la única manera que se olvida de sus problemas

45. Le interesa el alcohol a todo momento y a toda hora

46. Le interesa fumar lo que sea, cuando sea y como sea

47. Le interesa el salir a los antros, a los bailes, a las borracheras, a las orgías clandestinas.

TODO CON EL FIN DE "ALIVIAR" su dolor.

Un hijo que está lastimado, siempre demuestra que para él o ella su preferencia a elegir es la soledad o las fiestas. Estas señales son importantes de que leas en la vida de tus hijos. Recuerda que la palabra de Dios dice:

"El ladrón no viene más que a robar, matar y destruir..."

(Juan 10:10).

Tienes que comenzar a trabajar con las inseguridades de tus hijos. El enemigo es tan astuto que aprovecha la ausencia de la enseñanza para engañar a tus hijos en hacerles creer que no te importa su bienestar, su salud y aun su existencia. Quiere robarles la alegría, la pureza, matar sus sueños y las ilusiones que tienen de la vida, destruir su fe moral y espiritual para hacerles creer que Dios no existe y que ellos están solos, sin propósito y destino.

No permitas que el enemigo aproveche la soledad de tus hijos, enséñales que deben aprender a tener una relación íntima con Dios y que los problemas que ellos están pasando en su vida no son para toda la vida, que los pensamientos negativos que vienen a sus mentes no son necesariamente para que ellos cumplan ese pensamiento. Enséñales cómo combatir esos pensamientos.

PREGUNTA FRECUENTE:

¿Cómo puedo enseñarle a mi hijo a combatir los pensamientos negativos?

Respuesta: Efesios 6:13-17 (NTV)

Pónganse todas las piezas de la armadura de Dios para poder resistir al enemigo, en el mal tiempo. *Así, después de la batalla, todavía seguirán de pie, firmes.*

1. Defiendan su posición, poniéndose el cinturón de la verdad y la coraza de la justicia de Dios.

2. Pónganse como calzado la paz que proviene de la Buena Noticia a fin de estar completamente preparados.

3. Levanten el escudo de la fe para detener las flechas encendidas del diablo.

4. Pónganse la salvación como casco

5. Tomen la espada del Espíritu, la cual es la Palabra de Dios.

TUS HIJOS NECESITAN:

1. Aprender a estar siempre listos para combatir los pensamientos del enemigo con la palabra de Dios. (*Pónganse todas las piezas de la armadura de Dios para poder resistir al enemigo en el tiempo del mal*).

2. Entender que la lucha que ellos están teniendo en sus emociones no es de carne ni sangre sino de parte de huestes espirituales que los quieren ver mal. (Pues no luchamos contra enemigos de carne y hueso, sino contra gobernadores malignos y autoridades del mundo invisible, contra fuerzas poderosas de este mundo tenebroso y contra espíritus malignos de los lugares celestiales.

3. Hablar con la verdad y defenderla justamente, eso evitará que entren en duda. La verdad se defiende con más facilidad cuando la palabra de Dios se practica y se escudriña constantemente. *Defiendan su posición, poniéndose el cinturón de la verdad y la coraza de la justicia de Dios.*

4. Aprender a tomar decisiones correctas con base en la Palabra de Dios para que pueda abundar la paz de Dios en su vida y de igual manera puedan estar siempre preparados. *Pónganse como calzado la paz que proviene de la Buena Noticia a fin de estar completamente preparados.*

5. Aprender a tener convicción y certeza de su fe en Dios, para que cuando lleguen los problemas y pensamientos negativos a su mente, esa fe los proteja de la duda, la inseguridad, las tentaciones y tomen decisiones que van conforme a la voluntad de Dios y no conforme a sus

emociones temporales. *Levanten el escudo de la fe para detener las flechas encendidas del diablo.*

6. Estar constantemente pensando en su salvación. El estar pensando constantemente en la importancia de su salvación protegerá y evitará que tomen decisiones que pueda hacer que pierdan su salvación personal, para que de igual manera les puede afectar en su vida del día a día. *Pónganse la salvación como casco.*

7. Practicar el hábito de leer la Palabra de Dios, para que cuando la tentación, o los problemas de la vida se les vengan encima, puedan derribar esos pensamientos negativos de los que habla la Biblia, que impiden hacer la voluntad de Dios. Memorizar las Escrituras ayuda a que las personas tomen decisiones correctas conforme a la Palabra de Dios y no a las emociones. *Tomen la espada del Espíritu, la cual es la Palabra de Dios.*

Necesitas aprender a tener comunicación con tus hijos. Ya aprendimos cómo reconciliarnos con ellos. Ahora necesitamos aprender a escucharlos y dejarlos hablar sin interrumpir y sin juzgar.

Una de las razones por las que los hijos no comunican sus problemas personales a sus padres, es porque los padres se enfocan en las actividades del día, a veces ellos quieren hablar y como padres se distraen con otra conversación. Quieren expresar sus sentimientos y uds dicen que no tienen tiempo. Quieren confesar algo malo que les pasó, y dicen que no tienen tiempo. Quieren hablar sobre las metas y logros que quieren cumplir en su vida, y uds dicen que no tienen tiempo, que hagan lo que les plazca.

Este tipo de actitud de parte de los padres deprime, frustra y causa impotencia en la vida de los hijos y se preguntan: "¿Entonces qué carajos debo hacer?, si mis papás no me ayudan, no me apoyan, no les interesa, no se esfuerzan por mi, y al final del día me regañan por no hacer las cosas bien, ¿qué carajos hago entonces?"

Hace que los hijos pierdan esperanza en sus padres, comienzan a buscar soluciones y consejos con otras personas que quizá no les importe el bienestar, ni el futuro de ellos. Pero el hijo siempre escuchará a los primeros que se interesen en ellos, porque los superhéroes que tienen en casa no están.

Acuérdate que es tu responsabilidad como padre, proteger, cuidar, enseñar, guiar y proveer para tu familia. Proveer no siempre significa que debes dar dinero, también tienes que aprender a proveer cariño, comprensión, amor, tiempo, palabras de sabiduría, entendimiento, es tu deber proporcionar conocimiento y orientarlos hacia un punto determinado.

Tus hijos tienen necesidades, tienen sueños, tienen metas que quieren cumplir, pero necesitan de tu sabiduría para aprender cómo llegar a cumplirlas. Necesitan sabiduría para poder conducir su vida de la forma en que tú lo haces o hasta mejor. Si tu no les enseñas alguien mas proporcionará de su conocimiento y les enseñará cómo no ser como tu. Lamentablemente la mayoría de los hijos por falta de instrucción y orientación paternal, aceptan la orientación de otras personas que están en malas condiciones, que no saben ni cómo conducir su vida, pero lo poquito que saben lo comparten con tu hijo, y hacen lo que le dicen porque está recibiendo lo que está buscando.

Desafortunadamente los consejos y las direcciones de otras personas no siempre son buenas y llevan a tus hijos a la perdición, al mundo, a la drogadicción, a las fiestas descontroladas, los lleva hacer las peores cosas que puede existir en este mundo.

La factura de la irresponsabilidad paternal es cara y difícil de pagar, porque te obliga a gastar de lo que no tienes, te obliga a desvelarte cuando no debes, a llorar cuando no debes, a arrepentirte cuando es demasiado tarde.

Escucha a tus hijos, siéntate con ellos, crea confianza en ellos, demuéstrales que aunque eres su padre, puedes ser su mejor amigo. Demuestra que no estás para juzgar sino para apoyar en las buenas y las malas. Tú eres el superhéroe que ellos necesitan en su vida. Eres la solución a sus problemas, pero escuchalo, compréndelo, no lo juzgues, no lo critiques, no lo regañes, no intentes hacerlo pensar que es de lo peor. Eres su ayuda paternal, lo único que él tiene para poder ser alguien en la vida y ser alguien exitoso. Respeta sus derechos como hijo, escuchalo y abrázalo. Él comenzará a cambiar y a mejorar como persona cuando lo escuches y proporciones de tu conocimiento para que pueda ser alguien importante en la vida.

PREGUNTA FRECUENTE:

¿Cómo puedo evitar dañar la comunicación entre mis hijos y yo?
Respuesta:

1. No contestes sin antes escuchar lo que tienen por decir.

2. No juzgues sin escuchar las razones de su falla.

3. No te precipites a conclusiones sin antes haber escuchado todo lo que tu hijo te quiere decir. Escuchalo

4. Se compasivo ante el sufrimiento de tu hijo, si llora abrazalo

5. Antes de proporcionar un consejo, pon tu vida en sus zapatos. No todos son iguales, y no todos son como tú.

6. Proporciona palabras de ánimo, que edifiquen su vida, su autoestima, y que estimulen su corazón para creer en sí mismo. Tus palabras de vida, pueden salvar a tu hijo.

7. Ama a tus hijos sin condición como Cristo lo hizo contigo.

8. Lee Proverbios 3: 3-8

Capítulo 7

La necesidad de cuidar las influencias paternales.

Qué alegría para los que no siguen el consejo de malos, ni andan con pecadores, ni se juntan con burlones, 2 sino que se deleitan en la ley del Señor meditando en ella día y noche.

Salmos 1:1-2

Un famoso refrán que conocemos en México y en todo el mundo dice: "Dime con quién andas, y te diré quien eres...", de Igual manera la palabra de Dios tiene versículos en el libro de proverbios que nos hablan del efecto y afecto de tener personas a nuestro alrededor que nos influencian como humanos. Esto es importante que los padres lo tomen en cuenta porque afecta la relación, la perspectiva de los padres y la perspectiva de los hijos. La perspectiva que tienen los hijos de sus padres dice mucho de la importancia que los padres le dan al cuidarse de juntarse con personas de buena o mala influencia.

Cada padre debe ser cauteloso al juntarse con personas que no edifican, deben ser muy delicados al decidir con quién se juntan y a quienes deciden meter al círculo social de su familia. La razón por la cual los padres deben escoger a sus amistades es porque las amistades influencian en el comportamiento.

Si los padres tienen amistad con personas que practican el perdón, la reconciliación, la cordura, la educación, el aprecio, la amabilidad, y la disciplina de hacer las cosas con excelencia, tarde que temprano se convertirán en personas que practican los mismos principios y valores establecidos en la Palabra de Dios. Es decir, como padre tienes que cuidar de que tipo de personas te rodeas y dejas que ejerzan algún tipo de influencia en tu vida. El hacer esto es proteger la integridad y la armonía de tu familia.

Debemos considerar a las personas que tenemos en nuestro círculo más cercano, si son personas que no han sabido mantener una familia, que se han divorciado con mucha facilidad, entonces no deben ser cercanos a la familia. Presta atención a quien le brindas tu amistad y le abres la puerta de tu vida, porque si son personas que pierden el control, no son educados, maltratan a los hijos, los descuidan, los abandonan, tienen hijos con una persona y con otra van un dia a la iglesia y regresan a los 2 meses, no son buena compañía para los tuyos.

Parece que no, pero la influencia que se puede estar filtrando no es la adecuada y podrías terminar de la misma manera, perdiendo no solo el control sino a tu familia también, dejando de vivir una vida íntegra conforme a lo establecido por nuestro Padre para cada uno de nosotros y como vimos antes perder el propósito de vida.

Si quieres arreglar los problemas en tu familia tendrás que tomar la decisión de alejarte de amistades que no benefician tu relación con Dios, la relación con tu pareja, y la relación con tus hijos. Nadie niega que es difícil dejar de hablar con amistades que a veces parecen ser amistades que nos benefician porque nos hacen reír un rato y olvidarnos de los problemas, pero si su vida personal no está en condiciones buenas, tarde que temprano esa influencia espiritual se va contagiar y cuando menos pienses tendrás los mismos problemas que ellos, que tanto te hacían reír y carcajear. ¡Cuidado! No te juntes con cualquier persona, solo porque te haga sentir bien.

Encuentra amistades que te impulsen a ser mejor, que te muestran con su ejemplo personal y familiar que valen la pena tenerlos en tu vida. Necesitas tener a personas en tu círculo social que pongan a la vista momentos donde es evidente el trato de ellos hacia sus hijos, evidencia en su diario vivir de los valores y principios del Reino. Que puedas ver en su relación familiar una relación tan estrecha que no le cuesta trabajo animar a sus hijos cuando tienes logros, que celebre con ellos de tal manera que se sientan especiales. Este tipo de acciones causarán inspiración en ti a ser mejor, a seguir motivando ese impulso que tienes de ser una mejor persona, una persona a la cual los hijos les causará alegría. Se sentirán orgullosos de decir: "ese es mi papá", "ella es mi mamá", "les presento a mis padres", porque para un hijo no hay nada más importante que presentarlos, sobre todo si son de los que demuestran que está capacitados intelectual y espiritualmente.

No hay orgullo más grande para un hijo que presentar a sus padres y sentirse seguro de que no lo avergonzaran con actitudes, malos gestos, indiferencia entre los dos, causando una atmósfera ligera que pudiera convertirse en una pesadilla. Créeme que en esas situaciones los hijos prefieren cortar con sus compromisos familiares para evitar la vergüenza y la humillación de sus padres.

Hay que hacer el esfuerzo de encontrar amistades que influencien buenos modales, principios, buenas enseñanzas, a valorar la armonía familiar y sobre todo el temor a Dios.

La Biblia cita un versículo que dice: *"No se dejen engañar por los que dicen semejantes cosas, porque «las malas compañías corrompen el buen carácter»"*. 1 Corintios 15:33 (NTV).

"No erréis; las malas conversaciones corrompen las buenas costumbres". 1 Corintios 15:33 (RVR1960).

En otras palabras, si quieres mantener una consistencia en tu familia y en relación con tus hijos tendrás que soltar lo que pueda romper la unidad familiar, es un riesgo en la vida que no se puede tomar. Es un hábito que se tendrá que hacer cuando alguien no aporta a la familia, SI las amistades apartan cosas buenas, entonces las fortaleces con diligencia. A veces por malas amistades vienen experiencias malas como el abuso a menores y traumas. No es bueno tener amistades que no aportan nada bueno a nuestra vida. Si no aporta, no importa, hay mas amistades que pueden brindar mejores cosas que una risa.

El salmista dijo:

"Dichoso el hombre que no sigue el consejo de los malvados, ni se detiene en la senda de los pecadores ni cultiva la amistad de los blasfemos, sino que en la ley del Señor se deleita, y día y noche medita en ella". Salmos 1:1-2 (NVI)

Estaba diciendo: "Que privilegio", el hombre que no sigue el consejo de los malvados. Te preguntarás por qué tienes que dejar o cortar amistades y personas malvadas que te dan consejos malos. La razón es porque esos malvados solamente dan consejos que te llevan al pecado, a blasfemar en contra del propósito que Dios tiene para tu vida y tu familia.

¡Corta esas amistades! No tiene nada bueno que ofrecer más que una influencia espiritual que va a matar la armonía de tu casa. La palabra de Dios nos dice lo que pasa cuando una persona decide deleitarse en la palabra de Dios de día y de noche, y nos lo dice de esta manera.

"Es como el árbol plantado a la orilla de un río que, cuando llega su tiempo, da fruto y sus hojas jamás se marchitan. ¡Todo cuanto hace prospera!" Salmos 1:3 (NVI)

¡Es decir! Tener amistades, influencias exteriores de personas justas que mediten en la Palabra de Dios de día y de noche te llevarán a ser como un árbol fuerte, resistente y fructífero, al tener buenas amistades, tendrás buenos frutos. Al tener malas amistades tendrás malos frutos.

PREGUNTA FRECUENTE:

¿Cómo puedo identificar a personas que no aportan nada bueno a mi vida y mi familia?

Respuesta: Gálatas 5:19-21 La palabra de Dios nos indica que las personas que practican:

1. La inmoralidad sexual,
2. La impureza,
3. La pasiones sensuales,
4. La idolatría,
5. La hechicería,
6. La hostilidad,
7. La peleas,
8. Los celos,
9. Los arrebatos de furia,
10. La ambición egoísta,
11. Las discordias,
12. Las divisiones,
13. La envidia,
14. Las borracheras,
15. Las fiestas desenfrenadas y otros pecados parecidos.

No son personas que aportan a nuestra vida y claramente dice "Cualquiera que lleve esa clase de vida no heredará el reino de Dios".

Por el bienestar y la salud de tu familia, tu matrimonio y por tus hijos, no te juntes con este tipo de personas que pueden arruinar todo lo bueno que Dios te ha regalado por su misericordia y su gracia. No desprecies lo que Dios te ha dado.

Proverbios 6:16-19 habla sobre otras características que son contagiables, pero que Dios abomina son.

1. Los ojos arrogantes,
2. La lengua mentirosa,

3. Las manos que matan al inocente,

4. El corazón que trama el mal,

5. Los pies que corren a hacer lo malo,

6. El testigo falso que respira mentiras

7. El que siembra discordia en una familia.

¡No te juntes con cualquiera que tenga mala influencia! ¡Filtra tus amistades!

PREGUNTA FRECUENTE:

¿Cuáles son las características de la gente que SÍ aporta a mi vida espiritual, mi familia y mis hijos?

Respuesta: Gálatas 5:22-23

Las características de las personas que aportan a nuestra vida son personas que tienen

1. Amor,

2. Alegría,

3. Paz,

4. Paciencia,

5. Amabilidad,

6. Bondad,

7. Fidelidad,

8. Humildad

9. Dominio propio.

Las personas que tienen todas estas características son personas que cumplen con la palabra de Dios la cual pueden estar sujetos a la obediencia de Dios, y de ahi tendras amistades valiosas que te mantendrán en la guía que es cristo, la cual te sostendrá y te ayudará a que no te desvíes de la verdad ni te apartes de Dios.

Las Influencias que te impulsan a ser como Cristo, son el tipo de personas que necesitas en tu vida. Son el tipo de personas con las que necesitas rodearte para que cada día puedas ir perfeccionando tu carácter, tu personalidad, y poco a poco ir mejorando hasta que el día sea perfecto.

Las influencias positivas te impulsan y te motivan a que mejores la relación familiar con tus hijos e ir aprendiendo a soltar y sanar heridas del pasado.

NOTAS

El arte de la paciencia.

Los que tienen entendimiento no pierden los estribos; los que se enojan fácilmente demuestran gran necedad.

Proverbios 14:29

La palabra arte significa: *capacidad, habilidad para hacer algo.*

La palabra paciencia significa: *capacidad de padecer o soportar algo sin alterarse.*

Es decir, cada uno de los padres debe aprender a ejercitar su capacidad de soportar las situaciones difíciles sin alterarse.

Después de la Crucifixión y la Resurrección, Jesús se quedó 40 días enseñando y hablando con ellos de lo último que tenía que decirles, una de muchas palabras que les dijo antes que ascendiera al Cielo a sus discípulos en Hechos 1 fue:

> *"Pero recibirán poder cuando el Espíritu Santo descienda sobre ustedes; y serán mis testigos, y le hablarán a la gente acerca de mí en todas partes: en Jerusalén, por toda Judea, en Samaria y hasta los lugares más lejanos de la tierra". Hechos 1:8 (NTV)*

La palabra *poder* significa:

1. Tener expedita la facultad o potencia de hacer algo.

2. Tener facilidad, tiempo o lugar para hacer algo.

Cada padre tiene la capacidad y potencia de ejercer la paciencia y todo lo que se propongan hacer.

Si algo se tiene que tener claro es que la paciencia no es un don con el que se nace. La paciencia es un don que se aprende a ejercer con el paso del tiempo y la experiencia que se adquiere con los años. El apóstol Pablo detalla las palabras de Jesús diciendo:

"En cambio, la clase de fruto que el Espíritu Santo produce en nuestra vida es: amor, alegría, paz, paciencia, gentileza, bondad, fidelidad, humildad y control propio...". Gálatas 5:22-23 (NTV)

Es decir, si un seguidor de Jesús tiene al Espíritu Santo, debe de ejercer dos cosas importantes en su vida: paciencia y dominio propio. No es una habilidad que se ejerce con palabras mágicas o se compra en una tienda, es fruto de una persona que tiene el Espíritu Santo dentro de su ser y tiene una constante relación con Dios.

ORACIÓN FRECUENTE:

"¡Dios, dame paciencia!"

¡ALTO!

No tenemos que pedirle a Dios paciencia, porque la paciencia viene en el combo cuando Dios nos da su Espíritu para que more en nosotros. La paciencia es una herramienta que Dios sabe que ocuparemos en nuestra vida, para poder ejercitar el dominio propio. Es decir, si no hay dominio propio, no hay paciencia. Si no hay paciencia, no hay dominio propio. Estas dos cosas van de la mano. Tienes que aprender a tener dominio propio. Muchas personas cometen el error de hacer una oración por algo que no necesita ser pedido, sino desarrollado.

PREGUNTA FRECUENTE:

¿Cómo puedo desarrollar la paciencia?

Respuesta:

> *"Si ustedes son sabios y entienden los caminos de Dios, demuéstralo viviendo una vida honesta y haciendo buenas acciones con la humildad que proviene de la sabiduría; pero si tienen envidias amargas y ambiciones egoístas en el corazón, no encubran la verdad con jactancias y mentiras. Pues la envidia y el egoísmo no forman parte de la sabiduría que proviene de Dios. Dichas cosas son terrenales, puramente humanas y demoníacas. Pues, donde hay envidias y ambiciones egoístas, también habrá desorden y toda clase de maldad".* Santiago 3:13

¡La paciencia se produce cuando la calidad de persona cambia!

La paciencia se desarrolla cuando la persona ha cambiado, es por eso que se necesita al Espíritu Santo. Es el Espíritu Santo el que cambia nuestro corazón y las intenciones que produce. De lo contrario la Palabra nos dice que los frutos de la carne son: *"inmoralidad sexual, impureza, pasiones sensuales, idolatría, hechicería, hostilidad, peleas, celos, arrebatos de furia, ambición egoísta, discordias, divisiones, 21 envidia, borracheras, fiestas desenfrenadas y otros pecados parecidos".* Gálatas 5:19-21

"Lo que alimentas dentro de tí es lo que crece": Johann W.Von Goethe.

Tus capacidades se desarrollarán dependiendo de lo que alimentes, si quieres ser impaciente, alimenta *la carne*, si quieres ser paciente alimenta *el espíritu.* No puedes cambiar si alimentas ambas cosas a la misma vez, debes decidir a cuál le vas a dedicar tu tiempo, atención, esfuerzo y energía, si intentas hacer ambas cosas a la misma vez lo que obtendrás por hacerlo es un gran dolor de cabeza y te sentirás perdido como si estuvieras en un mar sin escape. Esto te llevará a tener depresión, ansiedad, frustración y dañará tu salud emocional, mental, física y espiritual.

¡No lo hagas!

La manera en la que podrás cambiar, es empapándote de conocimiento con dirección espiritual. Si te llenas del Espíritu, vives y caminas en el espíritu. Tus pasos, pensamientos, decisiones y ambiciones serán firmes y el margen de error será menor. De lo contrario si decides tomar el lado de la carne, te esperan tropiezos, un vacío emocional, decisiones equivocadas, errores constantes y ambiciones que dañan. No puedes cometer errores que te dañen, necesitas hábitos y consejos que te lleven a cambiar la persona que eres y eventualmente encaminarte al éxito.

"Si ustedes son sabios y entienden los caminos de Dios, demuéstrenlo viviendo una vida honesta y haciendo buenas acciones con la humildad que proviene la sabiduría..." Gálatas 5:19 (NTV)

Lo que todo seguidor de Jesús debe implementar en su vida es la constante práctica de vivir una vida honesta haciendo buenas obras, de esta manera las ambiciones comienzan a cambiar. Cambiando las ambiciones cambian el enfoque, las acciones, la palabras, los pensamientos, la visión, los sueños, metas, y todo lo que influencia en nuestra personalidad.

Seguir los 10 mandamientos de la ley antigua, ayuda a someter nuestra carne a las preferencias y condiciones del espíritu. La carne jamás tendrá el deseo de hacer lo que el Espíritu de Dios quiere hacer. Se tiene que forzar a la carne a sujetarse a las indicaciones del espíritu. Haciendo esto se podrá ejercer un cambio de actitud y a esto se le llama dominio propio.

El dominio propio no solo es abstenerse de hacer cosas que sean buenas o malas, el dominio propio es controlar y ubicar nuestras acciones, palabras, voluntad, conciencia y
conocimiento, acondicionarlo para que pueda cumplir con la Palabra de Dios. Es por ello que Jesús dijo:

"Cuando venga el Espíritu de verdad, Él los guiará a toda la verdad. Él no hablará por su propia cuenta, sino que les dirá lo que ha oído y les contará lo que sucederá en el futuro". Juan 16:13 (NTV)

El Espíritu Santo nos lleva a:

- Frenar las palabras antes de decirlas

- Pensar dos veces antes de hablar o accionar

- Pensar en lo bueno y lo malo antes de tomar una decisión

- Frenar las acciones y pensar en las consecuencias

- Evitar accionar por impulso

- Evitar ofender a conciencia

- Ser mejor seguidor de Jesús

- Ser ejemplo para quienes no conocen de Jesús

Son características y frutos de una persona que ejerce dominio propio en su vida

Por ello Pedro dice: *"En vista de todo esto, esfuércense al máximo por responder a las promesas de Dios complementando su fe con una abundante provisión de excelencia moral; la excelencia moral, con conocimiento; el conocimiento, con control propio; el control propio, con perseverancia; la perseverancia, con sumisión a Dios; la sumisión a Dios, con afecto fraternal, y el afecto fraternal, con amor por todos. Cuanto más crezcan de esta manera, más productivos y útiles serán en el conocimiento de nuestro Señor Jesucristo". 2 Pedro 1:4-8 (NTV)*

PREGUNTA FRECUENTE:

¿Cómo puedo cambiar mi mentalidad utilizando al Espíritu Santo?
Respuesta:

"No imiten las conductas ni las costumbres de este mundo, más bien dejen que Dios los transforme en personas nuevas al cambiarles la manera de pensar. Entonces aprenderán a conocer la voluntad de Dios para ustedes, la cual es buena, agradable y perfecta". Romanos 12:2

Para dejar las costumbres del mundo debemos hacer lo que Jesús dijo: *"Si alguno de ustedes quiere ser mi seguidor, tiene que abandonar su propia manera de vivir, tomar su cruz y seguirme".* *Mateo 16:24 (NTV)*

Antes que nada, tenemos que renunciar a la manera en la que el mundo vive. Es muy difícil vivir de acuerdo a la voluntad de Dios con hábitos del mundo. Tienes que adoptar nuevas costumbres y nuevos hábitos que se crean conforme el tiempo va pasando en la presencia de Dios. Tiene que haber una separación total del mundo, se tiene que comenzar a vivir una vida nueva y plena en la gracia y misericordia de Dios.

La única manera en la que Dios trabaja en nosotros es cuando limpiamos nuestro sistema de todo lo que nos ha intoxicado de hábitos, creencias, tradiciones, y mentalidades que nos mantienen maldecidos, en el hoyo de la desesperación; esto aún incluye tomar distancia de aquellas personas que influyen o nos incitan a hacer cosas en contra de la voluntad propia, es por ello que la Palabra nos dice: *"Esto significa que todo el que pertenece a Cristo se ha convertido en una persona nueva. La vida antigua ha pasado; una nueva vida ha comenzado".* *2 Corintios 5:17 (NTV)*

Hablar de una nueva vida es cambiar de hábitos, creencias, tradiciones, mentalidad, y ¡amistades! No puedes mejorar tu calidad de persona si no estás dispuesto a dejar atrás lo que te maldice. Dios tiene muchas bendiciones para tu vida, tu familia, y en especial para tus hijos. No desaproveches la Palabra y la oportunidad para mejorar tu vida, tus hijos y tu matrimonio, ¡lo vale todo!

Cambiando tus pensamientos de carne por pensamientos del Espíritu es la ruta eficiente para tu vida:

- -Elegir los pensamientos que honran a Dios es cambiar de vida.

- -Tomar decisiones que honran a Dios es cambiar de vida

- -Dejar atrás tradiciones seculares es cambiar de vida

- -Involucrar a Dios en todo el entorno es cambiar de vida

- -Cambiar de hábitos, trabajo, tradiciones y costumbres es cambiar de vida

El negarte a ti mismo es rechazar lo que te maldice, es decir lo que te detiene de avanzar como persona. Cambiar de vida no es lo más fácil, no es un camino de rosas, te puedo afirmar que es lo más difícil de hacer porque es ir en contra de la naturaleza carnal. Los deseos, las ambiciones, los sueños y las metas que nos proponemos desde nuestra perspectiva y no la de Dios, a veces convence más que las mismas metas del Espíritu, pero es ahí en donde tenemos la capacidad de *escoger* si queremos hacer la voluntad de Dios o agradar las satisfacciones de la carne.

Es esencial tener hábitos del Espíritu para hacer crecer el espíritu, entre menos se hagan ejercicios carnales, más crecerá el espíritu. Es vital hacer que la carne se debilite para que la fuerza del espíritu crezca de forma abundante. Entre más comida espiritual, más fuerza espiritual es la que se obtendrá.

PUNTOS IMPORTANTES:

- ¡Para ejercer paciencia debes cambiar como persona!

- ¡Debes dejar que Dios te transforme, para que cambies tu manera de pensar!

- ¡Tienes que alimentar tu alma con comida espiritual y no carnal!

- ¡Tienes que dejar el mundo y las costumbres atrás!

- ¡Debes negarte a ti mismo y seguir a Jesús para ser un Jesús en la vida de tus hijos!

¿Qué hábitos actuales necesitas cambiar en tu vida?

¿Qué personas están siendo un tropiezo en tu vida para que avances?

¿Qué podrías hacer para mejorar tus hábitos?

¿Qué actitudes, acciones y/o gestos toma tu hijo que terminan con tu paciencia?

¿Qué reacciones has proyectado ante tu hijo en tal situación?

Hábitos Sanos ante momentos Impacientes:

1. **Preguntar**

a.   ¿Qué es lo que sucede?

b.   ¿Por qué está reaccionando de esa forma?

c.   ¿Para qué reacciona así?

d.   ¿Quién lo ocasionó?

e.   ¿Cuándo dejará de conducirse de esa forma?

f.   ¿Cómo puedes ayudarlo?

2.   Escuchar

a.   Sin juzgar o condenar

b.   Las razones antes de contestar

c.   Todo lo que tenga que decir antes de responder

d.   Por signos físicos como la respiración y el volumen o calidad de su voz

e.   Trabajar de la mano para solucionar el problema

3. Indagar

a.   ¿Quién (que) ocasionó el problema?

b.   ¿Cuál es la raíz del problema?

c.   ¿Hay una solución?

d.   ¿Cuáles son los pros y contras de diversas decisiones?

e.   ¿Qué área personal afecta la situación emocional, mental, espiritual o el alma?

4.   Solucionar

Ante toda situación debes siempre aprender a identificar la raíz de cada problema. Sin identificación es difícil solucionar un problema y remover el obstáculo. Como padres debemos siempre actuar como el cirujano que está en el transcurso de un trasplante de corazón. El debe pensar rápido, y tomar la decisión correcta o puede perder al paciente, tiene el tiempo encima pero es sereno, piensa con claridad porque obtuvo preparación y absorbió conocimiento para el momento del obstáculo.

Como padre necesitas tener la misma serenidad de un cirujano en apuros. Es claro que la tarea es difícil. Nadie jamás dijo que era fácil, pero puede salvar una vida. Es por ello que es importante que prepares tu intelecto espiritual y terrenal. Debes saber responder con serenidad ante el momento difícil. Necesitas tener las palabras, las acciones, las decisiones, y los resultados correctos. Un paso mal dado puede provocar la muerte emocional y espiritual de un hijo. Debes ser consciente de que un joven no siempre piensa con lógica cuando está molesto. Gran parte del tiempo, durante su ira y enojo, pensará y hablará con lo primero que se le venga a la mente y tu debes estar preparado para cuando eso suceda, que no vayas a cometer el error de repetir y sumergir sus palabras con una frase más ofensiva. Necesitas saber intercambiar palabras sin ofender o dañar las emociones de tu hijo.

Todo padre debe y necesita aprender a contragolpear como un boxeador. El César del boxeo (Julio César Chavez) es nombrado la leyenda y fue respetado por su estilo. A comparación de muchos boxeadores   como Juan Manuel Márquez, Manny Pacquiao, y aun el famoso Muhammad Ali no llegaron a la capacidad del gran campeón mexicano. Fue un peleador que se preparaba con constancia, fue disciplinado, se esforzaba, ponía tiempo y dedicación a sus entrenamientos y tenía mucha valentía. Fue un boxeador, que en la actualidad es considerado como el más completo en el estilo de boxeo.

Era un peleador que iba en contra de su rival, pero a la vez sabía cómo defenderse. Entre los nombres con los que lo llamaron se mencionan: "La cintura de goma" porque esquivaba golpes muy fuertes y dañinos para su persona. Julio César Chavez supo como pelear en contra de sus rivales sin importar la categoría de peligro que presentaban sus contrincantes, siempre golpeaba de diferentes formas y a todo el cuerpo hasta que su rival se cansaba de tanta insistencia, persistencia y consistencia del gran campeón. Nunca se dio por vencido, nunca se echó para atrás, y confrontaba al que fuera sin importar su tamaño, su físico o su raza, siempre iba preparado a conciencia para salir como ganador de sus peleas y hasta la fecha se registra un récord de 115 peleas de las cuales salió invicto de 90 y solamente 7 las perdió, un hombre que causó inspiración e impacto en las futuras generaciones del deporte boxístico por su valentía y su preparación consistente.

Como padre debes ser como un Julio César, debes estar siempre empapando tu mente de conocimiento y estrategias claves que ayudan a desacelerar un momento de conflicto familiar. Debes siempre estar preparado a conciencia para cual sea el conflicto que se presente, que puedas ser el que tenga la solución para resolver el problema que tanto hostiga o cansa mentalmente a quienes son parte de la situación.

Para esto debes recordar siempre que tu pareja y tú, son la autoridad de la familia, entre ustedes puede haber acuerdos que impactan y cambian la vida de forma negativa o positiva, pero debe ser mutuo para que la crianza de los hijos no tenga un fin distorsionado, sino recto y justo.

Ante las situaciones difíciles con los hijos debes aprender a ser una persona que piensa en las consecuencias de sus palabras *antes* de ejecutarlas y no *después* de decirlas. Esto te ahorrará mucho tiempo y demasiados dolores de cabeza. Dios te ha dado como padre la capacidad de instruir a tus hijos de la forma más sana y productiva para que puedas cuidarlos, no te dejes influenciar por los consejos de personas que son insensatos en su manera de vivir y de instruir a sus hijos. Debes aprender a escuchar la voz y la dirección de Dios para que los hijos no sean lastimados. Uno de los muchos versículos que se encuentra en la Biblia está en el libro de Proverbios que nos da el paso número #1 para poder resolver un problema: *La respuesta apacible desvía el enojo, pero las palabras ásperas encienden los ánimos.* Proverbios 15:1 (NTV)

Si algo destaca entre todos los pugilistas a Julio César Chavez, es que fue una persona que nunca le dio rienda suelta a sus palabras, siempre fue un peleador de calidad que demostraba su capacidad con su habilidades y no con las palabras. Fueron innumerables los pugilistas que intentaron hacerle mal emocional, física, y psicológicamente al gran campeón, pero su gran habilidad de ser una persona serena, tranquila, y disciplinada lo llevó a mostrar que era mucho mejor que ellos empezando porque no hablaba demás, sino intercambiaba sus palabras con golpes ofensivos y defensivos.

Un padre debe siempre responder con serenidad, debe analizar la situación en la que se encuentra, ya no se le puede dar pie al pensamiento de: *"Este es mi casa y aquí mis chicharrones truenan"* o *"yo soy el hombre de la casa y aquí se hace lo que yo digo".*

Este tipo de pensamientos, son palabras de una persona que está reprimida en sus emociones como autoridad de casa, no tiene carácter y se apoya de la posición que tiene en la familia porque es inseguro como persona. Esto no es bueno y tampoco es sano, este tipo de pensamientos son los que llevan a los padres a cometer diversos errores con constancia y repetición. En vez de estimular el crecimiento mental y psicológico de la familia, estimula las semillas de amargura, odio y rencor hacia los padres de parte de los hijos.

No seas un fertilizante para las semillas malas que el enemigo deja en el patio emocional de tus hijos, se un jardinero sabio que en vez de regarlas, recoge y desecha la mala semilla, aquellas que son peligrosas. Es importante que seas el agricultor que analiza la tierra en donde sembrará semillas para garantizar una buena cosecha. Si prefieres apoyarte en la ignorancia, te aseguro que la cosecha saldrá mala, y tendrás la insatisfacción de que no tuviste una buena cosecha por falta de prevención, debes ser un padre precavido que mira el futuro y actúa antes de que las cosas se salgan de control.

Las desgracias se dan como efecto dominó, no es culpa del destino ni viene de la mano de Dios, son las consecuencias de una persona que no tomó precaución de sus actos y sus palabras para con su familia y en específico; sus hijos.

> *"Cuando sean tentados, acuérdense de no decir: «Dios me está tentando». Dios nunca es tentado a hacer el mal y jamás tienta a nadie. La tentación viene de nuestros propios deseos, los cuales nos seducen y nos arrastran. De esos deseos nacen los actos pecaminosos, y el pecado, cuando se deja crecer, da a luz la muerte. Santiago 1:13-15 (NTV)*

> *"Si necesitan sabiduría, pídesela a nuestro generoso Dios, y él se la dará; no los reprenderá por pedirla. Cuando se la pidan, asegúrense de que su fe sea solamente en Dios, y no duden, porque una persona que duda tiene la lealtad dividida y es tan inestable como una ola del mar que el viento arrastra y empuja de un lado a otro. Santiago 1:5-6 (NTV)*

PREGUNTA FRECUENTE:

¿Cómo puedo solucionar un problema bastante acelerado usando la paciencia?

Respuesta: Santiago 1:2

Amados hermanos, cuando tengan que enfrentar cualquier tipo de problemas, considérenlo como un tiempo para alegrarse mucho, porque ustedes saben que, siempre que se pone a prueba la fe, la constancia tiene una oportunidad para desarrollarse. Así que dejen que crezca, pues una vez que su constancia se haya desarrollado plenamente, serán perfectos y completos, y no les faltará nada.
Santiago 1:2-4 (NTV)

Hábitos Enfermizos ante momentos Impacientes

- **Gritar con desespero al viento,** todos tienen el derecho de expresarse como quieran, pero debe haber un autocontrol. Gritar frente a personas extranjeras, familia, hijos y pareja es una señal que indica que no hay dominio propio, que no hay cordura, disciplina, al igual que respeto para quienes tienen que pasar ese momento amargo e insoportable. Siempre es mejor sacar la ira, el furor, o la frustración en donde nadie lo ve a uno, esto evita molestar a otros y otorga libertad de expresión sin límites.

La frustración nunca debe de ser expresada delante de los hijos, estas reacciones visuales pueden causar traumas psicológicos en ellos, puede crear incertidumbre, inseguridad, baja autoestima, y que en su cuerpo se produzca anemia, leucemia, alta presión, diabetes, e infinidad de enfermedades que les pueden hacer daño.

Los hijos son muy susceptibles a los mensajes corporales que expresan los padres como las reacciones faciales, el movimiento corporal, las palabras habladas, las decisiones tomadas, y aun el mal trato de una persona secundaria. Gritar con desespero ante la gente y los hijos es un hábito enfermizo que daña a quienes experimentan estos momentos.

- **Reaccionar físicamente con golpes,** el peor error que un padre puede cometer durante un momento tenso de enojo es *tocar* a los hijos y maltratarlos o golpearlos. Estas acciones de violencia doméstica, no son aprobadas por Dios ni por la ley que rige en las naciones. Maltratarlos con golpes físicos es un acto que difícilmente perdonan los hijos a sus padres, es algo que requiere de ayuda profesional de parte de un ministro evangélico suficientemente capacitado para ayudarles a liberarse con el amor de Dios. Un psicólogo profesional que les ayude a superar el trauma emocional y psicológico. Por otra parte, los padres quienes son inducidos a cometer tales actos, igual necesitan ayuda de un psicólogo y/o psiquiatra que ayude a coordinar los movimientos y decisiones corporales a la hora de enfrentarse con un enojo.

Del lado espiritual, Dios tiene su opinión sobre esto e inspira las palabras indicadas a Santiago diciendo de esta forma:

"Pues la envidia y el egoísmo no forman parte de la sabiduría que proviene de Dios. Dichas cosas son terrenales, puramente humanas y demoníacas. Pues, donde hay envidias y ambiciones egoístas, también habrá desorden y toda clase de maldad". Santiago 3:12-16 (NTV)

Maltratar a los hijos con golpes, es una forma de egoísmo, esto se afirma cuando una persona no es lo suficientemente capaz de entender que todo ser humano que lo rodea tiene sentimientos, emociones, es de carne y hueso, que también tiene el derecho de expresarse sobre cómo se siente, lo que piensa y opina de cualquier situación. Maltratar es un acto de cobardía, es igual o aun peor que un animal. Un animal por instinto pelea para defender su territorio, su hábitat y su vida. ¿Qué necesidad tiene un ser humano de defender sus corajes y emociones dañadas? ¡Ninguna! ¡Somos humanos! ¡No animales!

Un hijo de Dios, seguidor de Jesús no tiene porqué pelear contra su prójimo, sean hijos, pareja, compañeros de trabajo o cualquier otra persona de su entorno. No se puede ser un Pablo, educado, disciplinado y espiritualmente conectado si se vive una vida como la de Pedro, hipócrita, de doble moral, indisciplinado y ofensor de la fe.

¡Tiene que haber una diferencia!

No se puede vivir una vida en Cristo teniendo hábitos del mundo. Son innumerables las veces que he escuchado a personas que asisten a la Iglesia que tienen padres que aun siguen las costumbres del mundo, golpeandolos con puño cerrado. Y muchos de esos padres son personas que profesan como Pedro tener la verdad de la Palabra, el Espíritu Santo de su lado, sin embargo, ellos ven de primera mano al monstruo que llevan dentro. Esta es una de las razones por la cual los hijos prefieren salirse de la Iglesia que permanecer en la fe, porque son habladores de la fe, pero escasos en la práctica. Es una lastima, escuchar que hay incluso pastores, ministros, líderes, y de toda clase de personas con jerarquía familiar que practican tales costumbres y aun se excusan con decir: ¡Oh!, en mi tierra así se educa a los hijos.

'¡En mi familia en el rancho, así se cría a los hijos con pico y pala, a punta de puños y cachetadas!'

¡Es una verdadera lastima! que la ignorancia de los padres sea tan abiertamente expresada como si fuera un gran orgullo, ser un padre que maltrata a sus hijos de una manera que ni Dios aprueba. Por la misma razón es que dio al apóstol Pablo las siguientes palabras:

Padres, no hagan enojar a sus hijos con la forma en que los tratan. Más bien, críalos con la disciplina e instrucción que proviene del Señor. Efesios 6:4 (NTV)

¡Ninguna persona que es cacheteada, golpeada con puños o diferentes utensilios, puede ser feliz! Ni toma con buenas intenciones las "correcciones". Toda persona que es maltratada se molesta y le causa enojo.

¡No lo hagas!

Dios en su infinita misericordia, es compasivo para con todos, antes de disciplinar a sus hijos, primero les habla constantemente por medio de sueños, visiones, profecías, y hasta por medio de una pequeña hormiga podría hacerlo, se tarda esperando que nosotros reaccionemos y corrijamos el camino. Cuando Dios disciplina o corrige, lo hace con amor y misericordia.

PREGUNTA FRECUENTE:

¿Es amor, paciencia y misericordia pegarle a los hijos con puños cuándo estresan a un padre?

Respuesta:

La respuesta es no, al contrario es mostrar egoísmo, orgullo, que no hay paz en el corazón, que la presencia de Dios no habita en ellos.

Los hijos que experimentan este tipo de maltratos por parte de sus padres experimentan:

- Baja Autoestima
- Inseguridad
- Establecen Límites Mentales
- Desarrollan Temor

- Pierden Confianza

- Tienen Ansiedad

- Estrés emocional y físico

Es importante que los padres que han cometido este error sepan de las reacciones y consecuencias que se desatan en los hijos cuando son expuestos a violencia doméstica. Y es de suma importancia que también sepan como solucionar y reparar el problema que ocasionaron para que ellos no carguen con todo y se hagan mas daño.

Los niños que viven en hogares donde uno de los padres es víctima de abuso, pueden sentirse temerosos y ansiosos. Es posible que siempre estén en guardia, preguntándose cuándo ocurrirá el próximo episodio de violencia. Esto puede generar que reaccionan de distintas maneras, según la edad:

Niños en edad preescolar. Los niños pequeños que son testigos de la violencia de pareja pueden comenzar a hacer cosas que solían hacer cuando eran más pequeños, como mojar la cama, chuparse el dedo, llorar con más frecuencia y gimotear. Es posible que desarrollen problemas para dormir o quedarse dormidos, que muestren signos de terror, tartamudear u ocultarse, y ansiedad severa de separación.

Niños en edad escolar. Los niños en este rango de edad pueden sentirse culpables por el abuso y culparse a sí mismos. La violencia doméstica y el abuso hiere la autoestima de los niños. Probablemente no participen en las actividades escolares u obtengan malas calificaciones, tengan menos amigos y se metan en problemas con más frecuencia. También pueden sufrir más dolores de cabeza y estómago.

Adolescentes. Los adolescentes que son testigos de abuso pueden actuar de manera negativa, como pelear con los familiares o faltar a la escuela. Es posible que se involucren en comportamientos riesgosos, como mantener relaciones sexuales sin protección o ingerir drogas o alcohol. Desarrollan baja autoestima y no pueden hacer amigos con facilidad. Posiblemente comiencen peleas o acosen a otros, y son más propensos a meterse en problemas. Este tipo de comportamiento es más común en chicos adolescentes que fueron víctimas de abuso en la niñez que en chicas adolescentes. Las chicas son más propensas que los chicos a excluirse y experimentar depresión.

PREGUNTA FRECUENTE:

¿Cuáles son los efectos a largo plazo de la violencia doméstica o el abuso infantil?

Respuesta:

Más de 15 millones de niños en los Estados Unidos viven en hogares donde la violencia doméstica ha ocurrido al menos una vez. Éstos tienen mayor riesgo de repetir el ciclo cuando son adultos e involucrarse en relaciones abusivas o volverse abusivos. Por ejemplo, un niño que ve a su madre ser víctima de abuso es 10 veces más propenso a abusar de su pareja cuando es adulto. Una niña que crece en un hogar donde el padre abusa de la madre es seis veces más propensa a ser abusada sexualmente que una niña que crece en un hogar no abusivo.

Los niños que son testigos o son víctimas de abuso emocional, físico o sexual tienen mayor riesgo de padecer problemas de salud cuando son adultos. Estos pueden ser afecciones de **salud mental**, como **depresión** y **ansiedad**.

También pueden incluir **diabetes**, obesidad, **cardiopatías**, baja autoestima y otros problemas.

PREGUNTA FRECUENTE:

¿Los niños pueden recuperarse de ver o experimentar la violencia doméstica o abuso?

Respuesta:

Cada niño responde de manera diferente al abuso y al trauma. Algunos niños son más fuertes y otros más sensibles. El éxito que tenga cada uno a la hora de recuperarse del abuso o el trauma depende de varios factores, entre ellos podría ser:

- Un buen sistema de apoyo

- Buenas relaciones con adultos de confianza

- Alta autoestima

Aunque algunos niños probablemente nunca olviden lo que vieron o experimentaron durante el abuso, pueden aprender maneras saludables de lidiar con sus emociones y recuerdos cuando maduren. Cuanto antes el niño reciba ayuda, mayores serán las probabilidades de volverse un adulto mental y físicamente sano.

PREGUNTA FRECUENTE:

¿Cómo puedo ayudar a mi hijo a recuperarse después de ver o experimentar violencia doméstica?

Respuesta: Puedes ayudar a tus hijos de las siguientes maneras:

Ayúdalos a sentirse seguros. Los niños que ven o experimentan violencia doméstica necesitan sentirse seguros. Piensa si **dejar la** relación abusiva puede ayudar a tu hijo a sentirse más seguro. Habla con tu hijo sobre la importancia de las relaciones saludables.

Habla con ellos sobre sus miedos. Hazles saber que no es su culpa ni la tuya. Obtén más información sobre cómo **escuchar** y hablar con tu hijo sobre la violencia doméstica.

Habla con ellos sobre las relaciones saludables. Ayúdalos a aprender de la experiencia abusiva hablando sobre cuáles son las relaciones saludables y cuáles no. Esto les ayudará a saber lo que es saludable cuando comiencen sus propias relaciones románticas.

Habla con ellos sobre los límites. Hazle saber a tu hijo que nadie tiene derecho a tocarlo o incomodarlo, inclusive miembros de la familia, maestros, entrenadores u otras figuras de autoridad. Además, explícale a tu hijo que no tiene derecho a tocar el cuerpo de otra persona y que, si alguien le dice que se detenga, debe hacerlo de inmediato.

Ayúdalos a encontrar un sistema de apoyo confiable. Además de un padre, un consejero escolar, terapeuta u otro adulto de confianza puede ofrecerle apoyo continuo. Los consejeros escolares deben denunciar la violencia doméstica o el abuso en caso de sospechas.

Consigue ayuda profesional. La terapia conductual cognitiva (CBT) es un tipo de terapia hablada o asesoramiento que puede funcionar bien para los niños que han experimentado violencia o abuso. La CBT es útil para niños que sufren ansiedad u otros problemas de salud mental como resultado de un trauma. Durante la CBT, el terapeuta trabajará con el niño para convertir los pensamientos negativos en positivos. El terapeuta también puede ayudar a tu hijo a aprender maneras saludables de lidiar con el estrés. Tu médico puede recomendarte un profesional de salud mental que trabaje con niños que han estado expuestos a la violencia o el abuso. Muchos refugios y organizaciones contra la violencia doméstica también cuentan con grupos de apoyo para niños. Estos grupos los apoyan haciéndoles saber que no están solos y ayudándoles a procesar sus experiencias en un lugar no crítico.

Cambia tu persona. Lo más importante de todo el proceso de recuperación, es que tu como padre (o madre) cambies los hábitos enfermizos y dañinos por hábitos buenos, saludables y constructivos que pueden ayudar al hijo a motivarse para que pueda tener seguridad y estabilidad emocional. Los hijos aceleran el proceso de cambio cuando los padres aceleran su cambio.

RECUERDA

- Para ejercer paciencia debes cambiar como persona!

- ¡Debes dejar que Dios te transforme cambiando tu manera de pensar!

- Tienes que alimentar tu alma con comida espiritual y no carnal

- Tienes que dejar el mundo y sus costumbres; atrás

- Debes negarte a ti mismo y seguir a Jesús para ser un Jesús en la vida de tus hijos

Hábitos Sanos

1. **Pregunta-** Antes de Actuar

2. **Escucha-** Antes de Opinar

3. **Indaga-**Para conocer la raíz

4. **Soluciona-** No hagas el problema más grande de lo que ya está, corta el ombligo que alimenta el problema.

Estas son las raíces que dan fruto a la paciencia, de lo contrario tendrás insomnio, dolores de cabeza y una vida turbulenta con tus hijos.

¡Usa estrategias!

- Gritar con desespero al viento
- Golpear físicamente con puños y cachetadas

-Tomar decisiones permanentes, con emociones temporales

El entusiasmo sin conocimiento no vale nada; la prisa produce errores
Proverbios 19:2 (NTV)

El apóstol Santiago fue muy específico cuando habló sobre el poder de la lengua. En resumen, dio a entender que la lengua es lo suficientemente fuerte para dar *vida o muerte.*

Cuando tomas una decisión estás haciendo un decreto directo al hablar las palabras de la mente. Las palabras de tus decisiones deben ser constantemente filtradas para evitar hacer daño a quienes amas y mirarte como un tirano. Como padre debes siempre acordarte que eres un super héroe, una figura esencial en tu familia, cualquier decisión que tomes afectará la perspectiva de tus hijos, por ejemplo:

- Si eres un padre ejemplar, seguirán el ejemplo.
- Si eres un padre duro, tus hijos podrían tener poco afecto hacia ti.
- Si eres un padre amoroso y cariñoso, tus hijos serán muy apegados a ti, tendrán confianza, seguridad, y sobre todo existirá un respeto entre padres e hijos, porque estás llenando sus necesidades.
- Si eres un padre muy estricto sin amor y afecto, tus hijos serán inseguros, tendrán baja autoestima, no tendrán confianza, y harán todo a escondidas, donde nadie los vea; es decir van a ser personas con sentimientos y emociones reprimidas. Es ahí donde intentarán buscar soluciones temporales como las drogas, el alcohol, los vicios y muchos hábitos erróneos que los conducirá a perderse todo por falta de confianza y respeto.

Hay patrones tóxicos que se han repetido con constancia y han trascendido durante siglos, hay padres quienes trabajan su conducta habitual por medio de impulsos y otros por medio del enojo.

Estos hábitos son comportamientos y conductas que deben ser filtrados desde la raíz para poder corregirse. Los malos hábitos, los comportamientos y conductas erróneas son fruto de una mala educación paternal. Quizás suena sorprendente, pero así es, todos hemos oído de educación moral pero no todos lo ejercen igual.

Hemos escuchado frases como:

"Respete a sus mayores". "Se dice, gracias". "Levante su plato".

"Se dice, Buenos días". "Se dice, buenas tardes". "Se dice, buenas noches".

"Sea respetuoso con los demás". "Se dice, por favor y gracias". "Se dice, con permiso".

"Se dice, provecho y propio".

Pero hay unas frases que los padres han desarrollado con el paso del tiempo que hace todo lo contrario cuando se trata de los hijos. Es ahí donde se desarrolla el comportamiento y los malos hábitos. Los padres jamás deben ser selectivos, pero hay que siempre tener presente que:

"UN CRISTIANO, CON MALOS HÁBITOS, ES UN PADRE CON MALOS HÁBITOS".

Antes de ser buenos padres deben ser buenos cristianos y la vida debe de fluir con transparencia. Para ser un buen padre hay que tomar decisiones con sabiduría y cordura. Debes ser primeramente un buen cristiano. Esto es porque un padre consciente de sus acciones, evitará tomar decisiones permanentes, emociones temporales.

La palabra de Dios nos dice:

"El corazón humano es lo más engañoso que hay, y extremadamente perverso...". Jeremías 17:9 (NTV).

Es decir, que como padre *nunca* debes dejarte llevar por las emociones del corazón porque son *engañosas y perversas.*

- **Caín** cometió el error de dejarse llevar por las emociones de su corazón y lo condujo a engañar y cometer un acto perverso; matar a su hermano.

      Su Consecuencia: Una maldición sobre él y su descendencia.

- **Absolom** cometió el error de dejarse llevar por las emociones de su corazón y lo condujo a engañar y cometer un acto perverso; violar a su hermana y dividir el reino de su padre.

Su Consecuencia: Un trágico fin de muerte.

- **Judas Iscariote** cometió el error de dejarse llevar por las emociones de su corazón y lo condujo a engañar y cometer un acto perverso; vender a Jesús por 30 monedas de plata.

Su Consecuencia: Un trágico y amargo fin de muerte.

Cada decisión tiene una consecuencia, sea buena o mala. No desaproveches este conocimiento para evitar cometer errores porque te sentiste frustrado, enojado, depresivo, angustiado, bloqueado o por cualquier cosa que se te ocurra.

¡No permitas que las emociones temporales de tu corazón te conduzca a tomar decisiones con consecuencias permanentes!

-Enojarse fácilmente por cualquier cosa

La Palabra de Dios dice:

Los que tienen entendimiento pierden los estribos; los que se enojan fácilmente demuestran gran necedad. Proverbios 14:29 (NTV)

PREGUNTA FRECUENTE:

¿Qué hábitos puedo practicar para evitar enojarme con facilidad o accionar de mala manera con mis hijos?

Respuesta:

Hábitos que pueden ayudar a evitar el enojo:

-Respeta lo que comunica tu hijo:

- No te enojes si tu hijo te dice algo que es verdadero.

- Si tu hijo dice algo que te llega porque es verdad, no lo hieras con palabras ofensivas.

- Sé lo suficientemente maduro para aceptar las verdades de tu hijo, si te las dice es porque está enfadado y quiere un cambio de tu parte.

-Analiza la situación antes de hablar o accionar

- - Nunca reacciones ante una acción, primero deja que tu mente procese la situación antes de que tomes una decisión.

- - ¡Evita gritar! Nunca respondas a un momento tenso con reacciones tensas, recuerda que la Palabra de Dios dice:

"La respuesta apacible desvía el enojo, pero las palabras ásperas encienden los ánimos". Proverbios 15:1 (NTV)

- Nunca discutas con tus hijos por quien es mejor, esto trae inseguridad y desbalance emocional o puede causar un desapego emocional. Esto es consecuencia de los padres estableciendo competencia con los hijos por medio del orgullo y falta de amor. Nunca compitas con tus hijos, son tuyos y ellos al igual que tú, deben ser halagados por sus logros , nunca deben de discutir por economía o por quien puede ser mejor, hagan lo mejor posible por comunicarse con palabras de ánimo y aliento el uno al otro, esto traerá como resultados seguridad, balance emocional, respeto y amor entre ustedes.

No vale la pena pelear con tu descendencia para mostrar quién puede ganar más, hacer más, y lograr más. Debes pensar con una mente de soldado espartano.

RECUERDA SIEMPRE:

"Tu mejor aliado en momentos de combate es el hombre que está de tu lado..." Rey Leónidas (Película 300)

Capítulo 9

Padre productivo, hijo productivo.

Los sabios son precavidos[a] y evitan el peligro; los necios, confiados en sí mismos, se precipitan con imprudencia.

Proverbios 14:16

En muchas ocasiones se escucha a los padres quejarse de los hijos por la manera en la que se conducen, por la manera en la que se visten, o aun por cómo piensan, pero te has preguntado, "¿Qué han hecho los padres para evitar los daños colaterales?".

Es decir, que han hecho los padres para evitar que sus hijos se conduzcan, o se comporten de cierta manera. Cabe destacar que ellos son fruto de la importancia que los padres les dan, de las acciones y reacciones que les muestran. Todo padre debe de estar pendiente de estas cosas, considerando que es el área en la cual por cansancio o por instinto natural ignoran la importancia de mantener una conexión.

Es común escuchar de hijos mayores que dicen: *"Mi papá cometió el error de no seguir la misma disciplina con mis hermanos al igual que lo hizo conmigo"*. Esto es algo que aun como hijo mayor de seis hermanos he dicho. Y al tocar este tema con diferentes padres y aun con los míos, nos dimos cuenta que es un tema que no tiene un diálogo constante, que se habla entre comillas o aun entre paréntesis, pero nunca se ha desarrollado una verdadera solución o alternativa para el problema que se está reproduciendo en tantas familias.

Al preguntarle a los padres sobre este tema escuche palabras como:

1. "Es que entre más viejo te haces, ya no rindes igual".

2. "Es que, da flojera tener que lidiar con lo mismo".

3. "Es que, no es lo mismo, ya de viejo lo que quieres es descansar y ya no quieres estar batallando con los cambios y las actitudes de los niños o pubertos.

Para todo padre que no tiene más de 1-2 hijos les digo:

Si no están dispuestos a ser responsable con mas hijos cuando tengan 35 o 40 años, no los tengan, por qué en vez de ser un aporte, serán una carga para ustedes, para los hermanos de casa, y para la sociedad, esto es porque por falta de educación, disciplina y esfuerzo paternal, se están reproduciendo hijos negativos y no productivos.

Para todo padre que tiene más de 2 hijos les digo:

"No dejes de esforzarte para mantener a tus hijos como se dice en México 'a raya', quizás se te hace cansado, difícil de tratar con las actitudes y su comportamiento, pero en ti esta si en tu vejez quieres cuidar a tus nietos o quieres cuidar a tus nietos y a tus hijos. Si quieres cuidar solo a tus nietos, esfuérzate, invierte tiempo y dedicación a tus hijos para que sean personas responsables y de bien, que aporten a tu vida, a la sociedad y a tus nietos. Si quieres batallar hasta el día que Dios te lleve, no eduques a tus hijos, otorgarles todo lo que quieren, no los disciplines, no los corrijas, déjalos que hagan lo que quieran cuando quieran, como quieran, y en donde quieran; lo cierto es que la Palabra de Dios dice:

"Disciplina a tus hijos, y te darán tranquilidad de espíritu y alegrarán tu corazón". Proverbios 29:17 (NTV)

El gran problema de los tiempos actuales es que la educación de los hijos está ausente por padres que no tuvieron la vara y la corrección presentes. Es decir, no es culpa de que la educación haya cambiado, no es el gobierno, ni los maestros, ni las influencias. La razón principal por la cual los hijos están escasos de educación es por padres que fueron, son y han sido irresponsables en su educación.

La responsabilidad del gobierno es ser un juez y balance para mantener la sociedad en orden.

La responsabilidad de los maestros es educar a los hijos con el conocimiento de la literatura, las matemáticas, ciencias, historia, y cómo desarrollar un futuro para ser una persona exitosa.

La responsabilidad de las personas que viven alrededor de tu familias es, vivir su vida al gusto propio y compartirla contigo si así lo deciden.

Es decir, la responsabilidad como padres es educar a los hijos con valores y principios morales, disciplina, responsabilidad, conducta, pensamiento, dominio propio, para ser un buen personaje en esta vida que aporta a todo y no es carga para otros.

Tienes que ser responsable de tus hijos, porque nadie más tiene el mismo amor y cariño que tú. El verdadero amor de los padres se muestra en la educación de la familia, no en los regalos, el dinero, o los lujos que les puedas dar sino en la disciplina, el tiempo, y la consejería paternal. Es por ello que la Biblia dice:

"Quienes no emplean la vara de disciplina odian a sus hijos. Los que en verdad aman a sus hijos se preocupan lo suficiente para disciplinarlos". Proverbios 13:24 (NTV)

Una vara es una rama recta de un árbol recto, es decir que lo que la vara hace es enderezar cualquier cosa que ocupe estar recta.

La vara de la que habla la Biblia puede ser usada de diferentes formas las cuales son: *verbal y física.* Esto quiere decir que necesitas tener el discernimiento para saber *cuándo* usar la vara física y la vara verbal.

La vara física es la que todo mundo ha usado, es el método más antiguo que se ha utilizado para corregir o castigar a alguien por sus delitos o su desobediencia. Esta vara es la que trae conciencia a los hijos o personas que cometen un error en contra de una ley o estatuto establecido por Dios, el gobierno, o los padres. Es necesario cuando el hijo no quiere entender la razón. El dolor es el método que Dios incorporó en nuestro sistema humano para aprender de la vida. Es el dolor el que trae conciencia cuando la felicidad no la corrige.

Cuando Dios llama la atención y no se le obedece, Él permite que las situaciones de nuestra vida provoquen dolor para traernos a conciencia, al arrepentimiento y la reconciliación. La vara física es dolorosa, pero corrige cuando es utilizada.

La vara verbal es el método pasivo para evitar usar la vara física, pero lleva más trabajo al usarla. Al contrario de la vara física, la vara verbal toma más tiempo cuando no es utilizada correctamente, la vara física trae corrección, conciencia y sabiduría instantánea mientras que la vara verbal dura tiempo, dependiendo la gravedad de la situación.

LA VARA FÍSICA NO SIEMPRE ES EFECTIVA

Es necesario que todo padre entienda que la vara física no siempre es efectiva por sí sola, la disciplina es una fórmula secreta que está integrada por diferentes componentes.

Es necesario identificar los componentes de la disciplina para que la corrección traiga en sí un adiestramiento espiritual y psicológico en los hijos. Si no tienes un propósito para disciplinarlos, solamente estás dañando a tus hijos, y esto trae en el futuro grandes repercusiones que los hacen batallar para encontrar su identidad.

PREGUNTA FRECUENTE:

¿Cuál es la fórmula secreta de la disciplina con propósito?
Respuesta:

Antes de todo, hay que aprender y entender que la fórmula no es efectiva si primeramente los padres no cambian su manera de pensar.

Es necesario que como padre entiendas que eres el ejemplo para que tus hijos se enderecen. Si no enderezas tu vida en cuestión de carácter, dominio propio, comportamiento, lenguaje, tu relación con Dios y conocimiento bíblico, entonces los hijos se sienten con la suficiente autoridad para decir: "¡Para que me dices a mi, primero arregla tu vida y entonces vienes a decir a mi lo que tengo que hacer!"

Es muy común querer enderezar a los hijos, pero no hacen lo correcto para poner el ejemplo. Las cosas no funcionan así; es importante que como padre primero estés bien, porque el poner el ejemplo y enderezar tu vida traerá autoridad. Tus hijos tendrán que respetar tus palabras porque la autoridad la recibes cuando primero eres el ejemplo, de lo contrario no creen, no obedecen, e ignoran cada palabra que dices. No pierdas aliento si primeramente no tienes autoridad.

FÓRMULA SECRETA:

El primer ingrediente de la fórmula secreta, es *la Fe*. La fe es la que nos lleva a tener una certeza y convicción de lo que no vemos, pero creemos (Hebreos 11). Para tener una disciplina con propósito debes de creer en Dios y en su Palabra, de esta forma podrás seguir las instrucciones que Dios dice.

Una disciplina con propósito significa que tienes un patrón que seguir y creer, no porque alguien te contó lo que experimentaron, sino porque la Palabra de Dios es la que trae corrección, moldura y perfección. Tus hijos deben ser disciplinados, no porque el pastor dijo "pégales", ni porque la abuela dijo "castígalos con vara", no. Deben ser disciplinados porque les das educación y procuras enderezar su vida, ¿sabes? eso traerá a tu vida descanso y paz a tu alma.

El segundo ingrediente de una disciplina con propósito es la *comunicación.* Tus hijos deben saber porque los corregiste, sino sabe porque le pegaron con vara, guarda resentimientos en su corazón, pero un hijo que sabe porque lo corrigieron acumula sabiduría. Es por eso que la Palabra de Dios dice: "La vara y *la corrección*, dan sabiduría.." (RVR1960).

El error de muchos padres, es que les pegan a los hijos, pero no los corrigen y aun se les escucha decir: *"Yo le pego a mis hijos para que aprendan a respetar", "Les pego para que aprendan, corren, pero a donde les caiga la chancla ahí es..".*

Esto es un error que se ha estado cometiendo por muchos siglos. Es importante recordar que los hijos no son animales para corretear, para aventarles objetos voladores, o para tratarlos de una forma salvaje; son seres humanos. Los hijos son seres a quienes Dios te dio la *autoridad* de corregir y criar.

Debes ejercer autoridad paternal. Nunca se te olvide que eres la autoridad de tu casa, tú tienes la palabra para decretar acciones y deseos. Es necesario aprender a decretar palabras de autoridad en tu casa y establecer leyes que la rijan, para que los hijos tengan una base de conciencia.

PREGUNTA FRECUENTE:

¿Cómo puedo establecer leyes y reglas para que mis hijos creen conciencia?

Respuesta:

Debes de establecer leyes para que ellos sepan lo que *"si"* pueden o deben hacer, y lo que *"no"* pueden o deben hacer. Establecer leyes o reglas forjan un barandal para que los hijos no se salgan del camino (Proverbios 22:6, Hebreos 12:13). Es de vital importancia que no ejerzas palabras o acciones de debilidad. Tienes que mostrar carácter y mantener tu palabra. Muchos padres ejercen palabras retantes y débiles diciendo:

"Te voy a pegar.."

"Vas a ver, tu papá te va a pegar..", "Vas a ver, tu mamá te va pegar..", "Vuelve a hacerlo, y vas a ver..".

Estas palabras son débiles porque retan a los hijos a volver a hacer lo que no deben, esto es un patrón que a largo plazo afecta la vida de los hijos, porque cuando la ley del gobierno quiera corregirlo de pequeño, después como *adulto*; automáticamente va a procesar la ley como un reto y no como un *alto*. Es por eso que vemos a muchos que aunque sus padres fueron constantes en querer disciplinarlos, no sirvió del todo porque hubo palabras que retaron a los hijos. La ley de la casa debe ser como la ley del gobierno, cortante, rígida, y cumplida. Esto traerá seriedad para que entiendan que en tu palabra no hay juego o broma, sino seriedad. Debes cambiar tus palabras retantes por acciones determinantes.

No le digas a tu hijo que le vas a pegar, pégale.

No le digas a tu hijo que lo vas a regañar, regáñalo.

No le digas que lo vas a disciplinar, es disciplinarlo.

No le digas que le vas a quitar privilegios, quitaselos.

No le digas que vas a quitarle el celular, es quitarselo.

No le digas que ya no verá a sus amigos, cuídalo.

No le digas que cancelaras las salidas, es cancelarlas.

Ejercer palabras de autoridad tiene una tonalidad y una aplicación de práctica diferente a mostrar palabras de debilidad. Debes ejercer tus palabras de autoridad como un comal caliente que tiene más de 10 minutos prendido y está listo para calentar las tortillas con las cuales vas a comer. Tus palabras deben ser firmes y constantes. Si a un hijo le dices: "No toques porque está caliente y te puedes quemar", casi siempre lo tocan y terminan llorando, pero aprendieron a no volverlo hacer, porque está caliente y duele.

Así mismo debe ser tu carácter con las palabras que usas. Debes ser suave como el algodón en el corazón, pero duro como el hierro en la disciplina. No mezcles las emociones con tu carácter, estas dos cosas deben estar separadas y debes tenerlos bien adiestrados en tu persona para que puedas ejercerlos al momento de usar la vara.

Si tu hijo hace algo que no está bien, pégale. Pero explícale porque no esta bien lo que hizo, explícale por qué tuviste que pegarle, explícale las consecuencias sean malas o buenas, explícale las razones, toma el tiempo de platicar con ellos, para que reciban conocimiento de tu parte, y así puedan entender que recibieron ese momento de dolor porque hicieron algo que lo provocó y que no estuvo bien. Nunca les pegues a tus hijos sin explicarles el porqué. Siempre explícales, y habla con ellos.

EJEMPLO:

Cuando era chico mi padre me corregía demasiado, porque era un niño muy travieso, desobediente, contestón, hacía de todo, con todo y por todo. Cuentan los mayores que me conocieron, que a los ujieres de la iglesia los pateaba, los escupía, y les pegaba a puño cerrado. Me comportaba mal por mi naturaleza de niño, de chico todo me intrigaba, siempre quería conocer y experimentar las cosas; aun recuerdo que me tomaba los jugos y me comía las galletas que se usaban para la santa cena, pero era un niño, no sabía para que se usaban, solo sabía que era una bebida y que las galletas también estaban deliciosas. Para mi solo era un aperitivo, hasta que de grande me tocó experimentar lo que era la santa cena; entonces entendí que lo que hacía de chico estuvo mal, porque era algo que sería usado para una ocasión especial en la iglesia.

Cuando mi padre me disciplinaba a mi y a mis hermanos, nos llevaba al cuarto, nos dejaba parados mientras él se sentaba para estar a nuestro nivel y hablarnos cara a cara, nos decía "¿Sabes por qué te voy a pegar?" o "¿Saben por qué les voy a pegar?" y contestamos "Si" juntamente con la razón por la cual nos pegaría, entonces nos pedía que nos diéramos la vuelta mientras nos pegaba 3 cintarazos y después de pegarnos con el cinto, nos hablaba con palabras de corrección o se iba y esperaba a que estuviéramos tranquilos y termináramos de llorar para hablarnos, a veces nos paraba en la esquina volcados al interior, después de pegarnos para que nos pusiéramos a pensar en lo malo que habíamos hecho y después de tiempo, regresaba, nos llamaba y se sentaba de nuevo para hablarnos con palabras de corrección. Nos explicaba porque tenía que pegarnos, porque estaba mal lo que hacíamos y nos decía que teníamos que aprender a comportarnos, o a no volver a cometer el mismo error porque recibiremos el mismo resultado. Después de hablarnos, nos abrazaba y oraba por nosotros para que Dios nos diera sabiduría, entendimiento y que no permitiera que una raíz de amargura o resentimiento creciera en nuestros corazones, sino que fuera esa situación utilizada para que aprendiéramos a ser mejores hijos; nos despedía con un abrazo y un beso. Íbamos con mi madre para darnos un abrazo y continuamos con el día, pero no terminamos con enojo ni con resentimientos, sino con tranquilidad y conocimiento.

Por testimonio puedo decir, que gracias a Dios por la forma en que nos corrigió mi padre, gracias a ello, cobre sabiduría, entendimiento y crecí para ser una persona de bien y no de mal. Gracias a Dios por el carácter, firmeza y consistencia de mi padre que aprendí a ser un buen hijo, y ahora a ser un buen adulto e hijo de Dios.

PREGUNTA FRECUENTE:

¿Cómo puedo corregir a mis hijos ya de grandes?
Respuesta/Ejemplo:

Cuando los hijos crecen y son jóvenes o pre-adultos, el sistema de disciplina por supuesto que cambia. Antes se les pegaba porque no entendían palabras o aun no tenían una conciencia completa. Ahora la disciplina hacia los jóvenes debe ser más pacifico y más tolerante, ya que a la edad de trece años en adelante, tienen entendimiento, y saben cómo responder o reprochar.

Como padres debemos entender que ahora la vara ya no es como cuando eran niños, ahora debes usar la lógica, la Biblia, y ser muy inteligente, ser estratégico, pero diligente con las palabras. Ahora que son grandes y tienen educación escolar, saben cómo razonar, dialogar, y defenderse en contra de alguna acusación que es mentira o aun cuando es verdad. Nunca acuses a tu hijo joven con sospechas, chismes, o mentiras, esto solo hiere y hace que los hijos se aparten de ti; ¡no lo hagas!

Antes de intercambiar palabras con tus hijos recuerda que debes ser un padre responsable que:

1. Cría y educa para hacer de sus hijos personas respetables

2. Crea seguridad en los corazones de sus hijos.

3. Escucha a sus hijos en los momentos más difíciles de su vida.

4. No ignores las palabras de tus hijos si intentan comunicar alguna cosa.

La clave de tu disciplina para un hijo que es joven va a requerir que uses oídos de elefante, ojos de búho y boca de pajarito. Esto se debe a que debes escuchar y mirar mucho, pero hablar poco. Los jóvenes cargan con la necesidad de hablar porque crecen con inseguridades, traumas, regaños y hasta mitos.

Como padre es tu trabajo crear confianza para que ellos se sientan seguros de que se comunican con personas de confianza.

PREGUNTA FRECUENTE:

¿Cómo puedo crear un lazo de conexión con mis hijos para que me tengan confianza?

Respuesta:

1. No divulgues sus inseguridades, traumas o errores cometidos.

2. No lo avergüences en público por sus acciones.

3. No lo ataques, muestra tu apoyo incondicional.

4. Haz presencia cuando se sienta solo.

5. Está al pendiente de él.

6. Manda un mensaje o haz una llamada para preguntarle como esta, o como se siente.

7. Dale abrazos, besos, caricias fuera de tiempo, con palabras de ánimo que le demuestren que te interesa y que te preocupas por él.

8. No lo regañes cuando cometa errores, enséñale cómo evitar repetir el mismo error. Es más doloroso cuando un padre regaña y no enseña, que cuando un padre enseña y no regaña.

9. Ser paciente con sus cambios.

10. Ayúdalo en sus momentos difíciles a pesar de que no se lo merezca, a pesar de que te ha tratado mal, a pesar que te ha ofendido o te ha hecho cosas malas.

"No paguen mal por mal. No respondan con insultos cuando la gente los insulte. Por el contrario, contesten con una bendición. A esto los ha llamado Dios, y él los bendecirá por hacerlo" 1 Pedro 3:9 (NTV)

La educación hacia los jóvenes requiere más disciplina paternal que cuando eran niños. Ellos ocupan consejos, y dirección. Los padres necesitan moldear su carácter y ser como Jesús, llenos de amor, compasión, comprensión, humanidad y demasiada humildad para aceptar la respuesta de los hijos.

Es por eso que la carta hacia los colosenses dice; *Padres, no exasperen a sus hijos, para que no se desanimen,* (Colosenses 3:21) es decir, no irriten a los hijos. Eviten a todo costo irritar a los hijos con palabras y acciones que los ofendan, más bien se tiene que hacer el suficiente esfuerzo para dar un buen consejo y la ayuda apropiada para corregir el (o los) problemas con los que se enfrentan.

PREGUNTA FRECUENTE:

¿Cómo puedo ser un padre productivo con mis hijos?
Respuesta:

La palabra *productivo* en el latín significa: *"Que tiene la capacidad de llevar a cabo o engendrar"*, también significa: *"el que tiene la eficacia, virtud, que es provechoso, útil, fructífero, conveniente, viable o eficaz.*

La palabra *engendrar* significa causar, ocasionar, o formar.

Es decir, como padre tienes que ser como el alfarero que obtiene una cantidad de barro y lo sienta en la rueda, comienza a girarla y con sus manos está otorgando la constante atención para que ese barro no quede solamente como un cilindro de barro, sino que comience a formarse en un vaso, un plato, un jarrón, o aún una maceta.

El alfarero no le quita su mirada al barro porqué sabe que en el momento en que le quite sus manos y su vista, puede salir volando el barro, o se puede destruir la obra de su trabajo; por ningún motivo o en ningún momento puede quitarle la vista para asegurar que su arte sea algo útil en las manos de alguien más cuando ese obsequio esté terminado.

De igual forma, debes ser como el alfarero que es precavido, necesitas estar dando constante atención a tus hijos para que puedas asegurar que sean personas útiles, productivas, y que sean una bendición para la vida de las personas que los rodean. Ser un padre productivo va requerir de tu tiempo, atención, enseñanza, corrección, disciplina y carácter. No puedes bajar la guardia ante semejante tarea, como padre tienes una tarea muy grande que hacer para con tus hijos.

No permitas que la pereza te domine, enseña, instruye, corrige y orienta a tus hijos con dones, capacidades, y conocimiento para que sean personas que producen y no destruyen.

PREGUNTA FRECUENTE:

¿Cuáles son mis responsabilidades como padre para criar hijos productivos?

Respuesta:

Enséñalos a:

1. Tener Temor de Dios
2. Ser buenos Trabajadores
3. Ser personas con valores
4. Tener una fe plena en Dios
5. Respeto por los demás
6. Ser disciplinados
7. Ser responsables
8. Ser buenos administradores, ahorrar, invertir, evitando las compras compulsivas.
9. Buscar a Dios para definir su llamado y el propósito de Dios para su vida.
10. Diversificar y desarrollar sus dones
11. Ser amorosos, compasivos, humano
12. Respetar las leyes terrenales y las de Dios
13. Ganar almas
14. Amar a Dios con todo su corazón
15. Valorar lo poco que tengan
16. Convivir con los demás
17. Soltar sus temores
18. Superar sus traumas personales
19. Seguir la sabiduría.
20. Ser humilde y manso de corazón.

21. Leer su Biblia con cuidado y entendimiento.

22. Las consecuencias positivas y negativas de la desobediencia a Dios.

23. Sobre el manejo del dominio propio.

24. Lo que Dios piensa de la sexualidad.

25. Cómo prepararse para formar un matrimonio.

26. A ser oidores y hacedores de la Palabra.

27. Comportarse en diferentes atmósferas de su vida.

28. Leer libros de edificación

29. Compartir a los hijos lecciones del día a día que los haga reflexionar y aprender principios de Vida.

30. Como tocar algún instrumento, si está en tus posibilidades.

31. Jugar algún deporte que los apasione.

32. Ser buenos comunicadores.

33. Tener confianza y seguridad en ellos mismos.

34. Apoyar a su familia en cualquier situación.

35. Ser una persona organizada y evitar las deudas.

36. Cómo abrir, cómo sostener y cómo manejar una cuenta de banco.

37. Cómo manejar sus impuestos.

38. Cómo ser un emprendedor de negocios.

39. Cómo sobrevivir en una situación de vida o muerte.

40. Cocinar, lavar trastes, trapear, barrer y mantener limpia la casa.

41. Lavar su propia ropa, para que quede limpia y con aroma.

42. Planchar su ropa, lavar zapatos, tender su cama y a cómo debe cepillarse los dientes.

43. Tomar decisiones buenas

44. Decidir cuales son las buenas y malas amistades.

45. Evitar tomar malas decisiones.

46. No usar drogas.

47. Evitar ser influenciados por malas amistades.

48. Hacer ejercicio para mantener su salud física.

49. Comer saludable.

50. Preguntar cuando no tienen respuestas o conocimiento.

51. Cuidar, amar y proteger a sus hermanos.

52. Lo que es la lealtad.

53. Los beneficios de diezmar y ofrendar.

54. El oficio de casa. Es decir, el oficio que los padres ejercen, los hijos deben saber cómo hacerlo para que tengan un respaldo el cual puedan ejercer en su vida de adulto.

55. Cómo evitar la pereza.

56. Levantarse temprano y dormir temprano.

57. Cómo ejercer un ministerio dentro de la iglesia.

58. Orar y ayunar.

59. Cómo bañarse, peinarse y perfumarse correctamente.

60. Manejar un carro.

61. Usar las herramientas de trabajo.

62. Pescar y cazar.

63. Comunicar a Dios las inseguridades.

64. El bien y el mal.

65. Cómo ser una persona espiritual.

66. Cómo discernir una mentira o una verdad.

67. Cómo negociar.

68. Desarrollar los talentos y dones que ha recibido.

69. Cómo escribir y dibujar.

70. La importancia del Espíritu Santo.

71. La importancia del bautismo y el hablar en lenguas.

72. La importancia de tener una relación con Dios

73. Cómo evitar ser un religioso y evangelizar.

74. Cómo ser fiel y buen seguidor de Jesús, para predicar su Palabra.

75. Nadar en aguas profundas.

76. Cómo construir una casa

77. Cómo pintar y cuidar una mascota.

78. Evitar los pleitos

79. Enseñar a los hijos como cantar, exponer y platicar en público

80. Cómo hacer artesanías

81. Tratar a todos con el mismo respeto

82. Sembrar, cosechar, podar las plantas, y el pasto.

83. Cómo operar una máquina.

84. Preparar una comida especial

85. Compartir el conocimiento.

86. Respetar los lugares públicos.

87. Usar un sanitario público

88. Bolear sus zapatos

89. Ser una ayuda y no una carga

90. Ser exitosos en la vida.

Como padres tenemos la responsabilidad de formar e instruir a los hijos de la mejor manera posible, para que sean personas que aportan a la sociedad, a su familia, y a su vida espiritual.

¡Los hijos educados no nacen, se hacen!

EXCUSA FRECUENTE:

¡Es que mi hijo no quiere!

¡ALTO!

 Dime un versículo en donde Dios diga; "Pregúntale a tu hijo si quiere ser productivo en la vida".

 ¡En ninguno!

Dios dijo específicamente

¡INSTRUYE, CORRIGE, Y DISCIPLINA!

Si tu hijo no quiere escuchar la instrucción que le das, corrígelo. Si tu hijo no quiere cambiar, disciplínalo con hechos no con palabras. No está en ellos si quieren o no, ellos están bajo la instrucción, corrección de tu cobertura, Dios respalda tu palabra y decreto.

DISCIPLINAS RECOMENDADAS:

1. Si tu hijo no quiere dejar de faltar el respeto, quítale sus beneficios.

2. Si tu hijo no quiere estudiar, quita todo lo que le estorbe para sacar las buenas calificaciones.

3. Si tu hijo no quiere dejar de usar el teléfono, quítalo.

4. Si tu hijo no quiere dejar de jugar videojuegos y se encierra todo el día, debes quitarlos.

5. Si tu hijo no quiere lavar los trastes, no hay beneficios.

6. Si tu hijo no quiere ayudar en la casa, hazle saber que perderá beneficios.

7. Si tu hijo no quiere obedecer, dale a conocer que eso traerá consecuencias.

8. Si tu hijo no quiere ser responsable, no le beneficies con nada.

En conclusión, si tu hijo no quiere seguir tu palabra e indicaciones, quita de él, lo que está estorbando para que cumpla sus deberes de hijo. Los hijos no se van a morir por que les quites lo que los tiene enganchados o adictos. Ellos nacieron sin dispositivos y beneficios, y podrán vivir sin ellos.

Más vale un hijo educado y disciplinado, que un hijo descuidado y olvidado.

Un hijo educado y disciplinado nunca mendigará en la vida.

Un hijo descuidado y olvidado, siempre mendigara por el pan de cada día.

Capítulo 10

La importancia de la comunicación.

Padres, no exasperen a sus hijos,
para que no se desanimen.

Colosenses 3:21

Uno de los ejercicios fundamentales en el crecimiento y desarrollo de cada persona en este planeta tierra es la habilidad de poder hablar e intercambiar palabras. Todos comienzan aprendiendo a pronunciar palabras y otros a entender el significado de ellas.

Las palabras son importantes en nuestro diario vivir, son las que nos ayudan a conseguir lo que queremos tener y lo que queremos omitir de nuestra vida. Las palabras son una combinación de sílabas, silbidos y un conjunto de esfuerzos musculares de la lengua que causan que palabras sean escuchadas de nuestra boca. Dios mismo es el personaje más importante de nuestra existencia y Él constituyó la comunicación como la herramienta primordial para hacer y deshacer, para crear y terminar. Dios dijo "sea la luz" y fue la luz. Dios dijo "multiplíquense" y la tierra se multiplicó.

Dios mantiene una relación cercana con su creación y sus hijos herederos. Desde el primer día y hasta la fecha presente no hay día que Dios no utilice el ejercicio de las palabras. Utiliza las palabras para dirigir, enseñar, guiar, capacitar, crear, y aun para terminar. Es el primer y claro ejemplo de lo importante que es la comunicación.

Aun la Biblia dice: "Orad sin cesar", es decir: "Nunca dejes de comunicar las palabras que son necesarias, nunca guardes palabras que podrían hacer la diferencia en la vida de alguien, o aun inclusive en la tuya. Las palabras fueron creadas para ser ejercidas en exposición, enseñanza, disciplina, orientación, amonestación, inspiración y creación. Es importante saber que las palabras necesitan tomar su debido lugar en esta vida. Hay que darle a las palabras el uso para el cual fueron creadas, por ejemplo, arreglar problemas, perdonar y pedir perdón, enfrentar las situaciones y determinar las soluciones. Es vital que cada padre e hijo entienda que las palabras son la clave fundamental para prevenir situaciones traumáticas, proteger los corazones, las emociones y resolver cada problema que se presenta en el camino.

Las palabras están por y para algo, si hay algo que los padres necesitan entender es que son necesarias para tratar los problemas familiares, no las caras, no los gestos, no el dinero, ni los objetos, y las cosas materiales, sino las palabras.

Santiago en su carta en el capítulo tres nos habla y explica sobre la potencia y la magnitud que tienen las palabras, pueden traer vida o muerte, construcción o destrucción, paz o inquietud; las palabras son potentes, se tiene que aprender a utilizarlas.
Hay padres que piensan que la comunicación es opcional, pero en realidad es fundamental. Los hijos no pueden aprender si no hay comunicación. Esto es porque la comunicación trae sabiduría, conocimiento y experiencia. Si los padres no entienden este concepto, les esperará un largo viaje, doloroso e incómodo. No se puede ignorar que la comunicación es la prioridad número uno en la familia. Sin comunicación hay guerras, ausencia de dirección, y aprendizaje. Es necesario comunicarse el uno con el otro lo que falta, lo que ofende, lo que duele, lo que hiere, y lo que incomoda, aun hasta lo que es injusto de ambos lados.

Un padre tiene la responsabilidad de corregir, enseñar, guiar y direccionar a los hijos, la cereza del pastel es cuando un padre no es tímido para hablar sobre los problemas con sus hijos. Un padre vale oro cuando toma la iniciativa de arreglar las diferencias con sus hijos, tenga o no la razón. Los hijos respetan, admiran y aman con más intensidad a los padres cuando logran entender y aplicar esta acción en la familia. Es por ello que quiero compartir con ustedes la importancia de utilizar con sabiduría las palabras.

Fase 1

RECONOCIENDO EL ERROR

En ocasiones los padres e hijos tienen discusiones por causa de las diferencias familiares, por una acción, un momento de disgusto, una reacción incalculada o simplemente un momento de frustración familiar. Lo que muchos no hacen es identificar los errores cometidos dentro de la discusión. Es importante que cada uno sepa reconocer el error.

A menudo, la familia entra en etapas donde surgen discusiones por cambios transformacionales de los hijos, los niños pasando a la adolescencia, o los jóvenes hacia la vida de adulto. Constantemente el mundo está avanzando y los hijos van creciendo; con el crecimiento se gana experiencia y conocimiento. Como padre necesitas entender que tu hijo necesita de ti, y no es justo ni válido que te cobijes en la ignorancia diciendo:

- " Tú a mi no me tienes que decir lo que tengo que hacer.."
- " Tú no eres nadie para enseñarme.."
- " Yo soy tu padre..", " Yo soy tu madre.."
- " Esta es mi casa, y aquí se hace lo que yo digo.." ," Esta es mi casa, y solamente yo puedo decidir.."
- " Yo soy el que paga los gastos, y se hace como yo digo.." " Yo soy el que aporta a esta familia y yo mando..".

Estas frases son errores que muchos cometen cuando están discutiendo con los hijos. Son innumerables los padres que cometen el error de querer demostrar superioridad. Esto es un error inmensamente destructivo que puede acabar con la autoestima, la seguridad personal y la confianza de los hijos hacia los padres.

Un padre no tiene la necesidad de demostrarle a los hijos su fuerza, posición ni la capacidad de daño que pueden hacer. Ellos quieren a un padre que los proteja, los escuche, los anime, que demuestre que siempre estará ahí en la buenas y en las malas. Debes entender como padre que a tus hijos no tienes porque amenazarlos con tu fuerza, tu economía, y mucho menos tu temperamento.

Tus hijos no son animales silvestres que no tienen entendimiento. No eres un gorila salvaje que necesita rugir y pegarse así mismo para demostrar fuerza, o pegarle a alguien para que entiendan tu jerarquía. No eres un cimarrón que necesita estar pegado de cuerno a cuerno, o una serpiente para que se estén comiendo el uno al otro; ¡No eres un animal! Eres un ser humano con capacidades, dones y virtudes, sobre todo entendimiento racional para tomar decisiones y accionar con sabiduría, inteligencia y dominio propio.

Santiago dijo: *"Si ustedes son sabios y entienden los caminos de Dios, demuéstrenlo viviendo una vida honesta y haciendo buenas acciones con la humildad que proviene de la sabiduría; Pero si tienen envidias amargas y ambiciones egoístas en el corazón, no encubren la verdad con jactancias y mentiras. Pues la envidia y el egoísmo no forman parte de la sabiduría que proviene de Dios. Dichas cosas son terrenales, puramente humanas y demoníacas. Pues donde hay envidias y ambiciones egoístas, también habrá desorden y toda clase de maldad. Sin embargo, la sabiduría que proviene del cielo es, ante todo, pura y también ama la paz; siempre es amable y dispuesta a ceder ante los demás. Está llena de compasión y de buenas acciones. No muestra favoritismo y siempre es sincera"*. Santiago 3:13-17 (NTV)

El proverbista dijo; *Los sinvergüenzas crean problemas; sus palabras son un fuego destructor* Proverbios 16:27 (NTV)

Es decir, antes de ser un buen padre debes ser un buen ser humano, para ser un padre completo debes corregir tus actitudes y acciones personales que están causando daño hacia tus hijos. No puedes seguir viviendo una vida llena de ignorancia, orgullo y soberbia. Los hijos son la razón número uno para dejar el orgullo, la altivez, la soberbia, y el egoísmo.

Un padre que ama a sus hijos lo entrega todo, si ama a sus hijos cambia por amor y no por imposición. El único padre que ha criado y engendrado a hijos por miles de años y sigue siendo perfecto es Dios. Él dejó su majestad, su reino, su gloria, dejó su trono y se levantó para entregar su vida en rescate por la humanidad. Teniéndolo todo, entregó su vida por amor a nosotros que no merecíamos nada. ¿Qué otro ejemplo se necesita para ser un mejor padre?, ¿qué se necesita para dejar el orgullo a un lado?

Es necesario que entiendas que, sí cometes errores, es muy delicado pensar que no es necesario corregirte a ti mismo. Es necesario que entiendas que los errores como padre son mortales para tus hijos, que necesitas ser responsable con tus palabras, acciones, gestos, pensamientos e impulsos.

No te ciegues a pensar que por ser padre tienes la justificación de no tener que tomar responsabilidad de tus acciones y palabras. El tiempo pasa y las heridas no tratadas siguen sangrando y desgastando la vida de tus hijos. Depresión , ansiedad, estrés, falta de apetito, enojo, corajes, y una infinidad de problemas psicológicos son los que se originan cuando hay falta de comunicación en la familia. No puedes y no debes abandonar a tus hijos con los daños que tú mismo has ocasionado. Necesitas evitar caer en el error de no reparar lo que dañaste. Necesitas tomar en cuenta que Dios te pedirá cuentas no solo de tu vida personal sino también por lo que hiciste con tu familia. Los hijos son un regalo económicamente incalculable que Dios te ha prestado, valen más que cualquier cantidad de oro o plata en el mundo. Comienza a tomar responsabilidad de tus acciones y palabras como padre y el proceso de sanidad comenzará a tomar efecto en tus hijos.

Mejor es ser paciente que poderoso; más vale tener control propio que conquistar una ciudad. Proverbios 16:32 (NTV)

PREGUNTA FRECUENTE:

¿De qué sirve reconocer mis errores si mis hijos no cambian?

Respuesta:

Antes que nada se deben siempre hacer las cosas con fe, es por ello que la Palabra de Dios manda a todo creyente a declarar y creer las cosas que no son como si fuesen. Esto significa que cada vez que un nuevo reto se presente para que mejores, debes hacerlo aunque la posibilidad parezca muy diminuta. Jamás permitas que la negatividad tenga su lugar en el comienzo de tu proceso personal. Si buscas razones y motivos para hacer esto será para agradar a Dios, a tu familia y a los que te rodean. La fe es como un ramo de rosas para Dios. Es uno de los detalles que a Dios le encanta, le fascina. Puedo hasta decir que lo vuelve loco a Dios, porque la fe es hacer algo fuera de la lógica del mundo.

La fe es algo que una persona con razonamiento totalmente estable diría: "con mente materialista no hay probabilidades de tener buenos resultados..". Pero en la atmósfera de Dios, hacer las cosas con fe, es decir, sin usar la lógica, ¡eso es de locos! Sin embargo ante los ojos de Dios es considerado¡valentía! Dios admira y recompensa cuando una persona toma la decisión de romper la lógica y esperar resultados totalmente asombrosos. Hacer las cosas por fe, sin mirar quizás alguna esperanza en el presente puede ser desafiante, pero no imposible.

Abraham fue probado mediante su fe por medio de las indicaciones de Dios. No muchos lo detectan, pero Abram era una persona que lógicamente no tenía las capacidades individuales para sostener algo como lo que Dios le mandó.

Vemos a un hombre que vive con sus padres, no es independiente, tiene una esposa con la que vive en la casa de sus padres, no tiene hijos, y no es de ascendencia judía. Abram era un hombre pagano adorador de otros dioses que no tenía las calificaciones necesarias para ser apto de tal llamado. Pero Dios lo probó y la Palabra de Dios nos cuenta que: "por la fe, Abraham fue justificado y fue llamado padre de las naciones..".

Es decir, Abraham no tenía las calificaciones necesarias ni las razones suficientes, pero su fe fue lo que cambió la opinión de Dios. Fue la fe la que entrelazo una amistad íntima con Dios. Fue la fe la que lo llevó a tener su primer hijo a los 100 años. Fue la fe la que lo llevó al desarrollo de 12 tribus, y de ellas; una nación, un pueblo, un gobierno, ahora conocido como Israel.

Quizás tus hijos no te otorgan las suficientes razones para que cambies de personalidad, mentalidad e ideología, pero Dios es suficiente para que mejores como persona. Probablemente estás pensando que no tienes ninguna ganancia al cambiar como persona, estás pensando que es una pérdida de tiempo tener que trabajar con tu ego, tu soberbia, tu orgullo, tu carácter y tu fe en Dios. Sin embargo, si algo te puedo garantizar es que toda obra buena que nosotros hagamos en esta tierra, será recompensada aquí y en el cielo.

No esperes que tus hijos te aplaudan cuando vas empezando en la transformación, esta etapa suele ser la más difícil porque la gente que más amas, es la que puede tener todas la razones para que te desanimes. No confíes en que tus hijos te feliciten por cambiar porque podrían burlarse a pesar de que tengas frutos. Necesitas aprender a no depender de los halagos de tu familia, sino de los de Dios.

Es posible que tu pareja pudiera ser un estorbo para tu transformación o puede convertirse en la mayor bendición para que lo logres. Aun con ambas razones no bajes la guardia, no disminuyas tu confianza en Dios y sigue avanzando, sigue aprendiendo, sigue tu proceso de transformación. Tus hijos no notarán el cambio al principio y pensarán que quizás estás haciendo un compromiso como si fuera un tratamiento de pérdida de peso en donde supuestamente perderás libras en cierto tiempo predestinado, y quizás piensen que te darás por vencido a la mitad del camino.

No abandones el barco, hagas lo que hagas, digan lo que digan, ignora los comentarios negativos, las burlas, los pleitos intencionalmente planeados, Tu sigue confiando, sigue perseverando. Cuando menos pienses tus hijos verán los frutos de tu perseverancia y comerán de ella, se saciarán, harán lo que tu quieras hacer como familia; juntos exaltaran la gloria de Dios con ejemplo, con estilo de vida, ¡con obediencia y testimonio!

Reconocer tus errores, traerá respeto hacia tu persona. No hay hijo que no admire y respete a sus padres cuando son lo suficientemente humildes, sinceros y honestos para decir:

"Hijo perdóname por lo que hice mal..", "perdóname por fallarte..".

"Perdóname por no cumplir tus expectativas como padre..", "hijo, disculpame por hacerte sentir mal..".

"Hijo, disculpame por no valorar el esfuerzo que haces..".

El 99.9% de los padres que practican la habilidad de reconocer sus fallas y reconciliarse con sus hijos, logran tener hijos sanos, maduros, y una relación estable con ellos.

Esto se debe a que la balanza está a nivel, nadie es mejor ni menos que nadie, todos tienen el mismo valor, todos tienen el mismo amor, respeto, cariño, humildad, honestidad, sinceridad y esto es la fórmula para crear una relación de confianza entre padres e hijos.

Ningún padre que es orgulloso, soberbio y prepotente tendrá la admiración y el amor de los hijos, sino que tendrá odio, rechazo, repugnancia, desgracia y aun la vergüenza de sus hijos; esto es porque un padre no es lo suficiente humilde para reconocer sus errores.

Tú decides el tipo de árbol que quieres tener plantado en el jardín emocional de tu familia. Si quieres tener pleitos, sigue practicando el orgullo, la prepotencia y la soberbia. Solo que no escatimes que los frutos de un árbol como éste solo produce, soledad, llanto, y desesperación emocional. Es decir, no vale la pena, mejor es cortarlo, haz leña de él, y planta un árbol frondoso y fresco lleno de respeto, humildad, sencillez, amor, integridad, admiración y sabiduría.

Comer sus frutos es una delicia y vivir en constante armonía trae paz y refugio en la adversidad.

"Sean comprensivos con las faltas de los demás y perdonen a todo el que los ofenda. Recuerden que el Señor los perdonará, así que ustedes deben perdonar a otros. Sobre Todo, vístanse de amor, lo cual nos une a todos en perfecta armonía. Y que la paz que viene de Cristo gobierne en sus corazones. Pues, como miembros de un mismo cuerpo, ustedes son llamados a vivir en paz. Y sean siempre agradecidos". **Colosenses 3:13-15 (NTV)**

NOTAS

Fase 2

APLICANDO EL PERDÓN

Vivir en un camino y estilo de vida cristiana, siempre requiere auto-corrección en nuestro carácter, nuestra conducta, nuestros pensamientos y nuestra manera de vivir. En los mensajes que se escuchan de parte de un pastor durante los cultos escuchamos con constancia el mensaje del perdón.

Se escucha que se debe perdonar al que nos ofendió, al que hizo daño, al que hizo algún mal en contra de nosotros, pero la pregunta de cada hijo es:

¿Por qué mis padres no me pueden pedir perdón?

Uno de los problemas del pasado y del tiempo actual es que siempre hay discusiones entre padres e hijos, pero nunca hay reconciliación, y si la hay; es muy poca la cantidad de personas que lo hacen. Dejar los problemas y discusiones pendientes es sembrar semillas de amargura, odio y rencor. Nunca es bueno tener discusiones con los hijos y dejarlas sin resolver. Es uno de los muchos errores que un padre puede hacer para el futuro de sus hijos, y para su relación con ellos.

Los padres tienen que aprender a ser humildes y no orgullosos, a ser compasivos y no juiciosos, a ser sinceros y no mentirosos. Los padres que no se tragan el orgullo y lo restriegan en la cara de sus hijos, son los que lamentan la pérdida o la perdición completa de sus hijos en el mundo.

Jesús dijo: *"Si perdonas a los que pecan contra ti, tu Padre celestial te perdonará a ti; pero si te niegas a perdonar a los demás, tu Padre no Perdonará tus pecados".* Mateo 6:14-15 (NTV)

Lo más peligroso que puede pasar en una familia y la relación interfamiliar es discutir y no traer las cartas a la mesa. Muchos padres e hijos se montan en la soberbia y suelen decir: "Si el no me pide perdón, yo no lo voy hacer", "Yo soy el padre y no tengo que pedir perdón..". "Yo soy su hijo y él me tiene que pedir perdón..".

Estas frases y palabras son fruto de un corazón lleno de soberbia, orgullo y prepotencia. Si hay algo que como familia debemos de entender es que ni uno, ni el otro es digno del perdón. Nadie que vive en esta tierra bajo el cielo es digno de ser perdonado dado a que somos pecadores con infinidad de errores y pecados.

Ambos lados deben aprender que el perdón no se otorga porque se merece. El perdón se otorga por gracia para el bienestar de ambos partidos. Los hijos no merecen ser perdonados por su mal comportamiento, y los padres por lo mismo. Ante la cruz el único que puede decir quien debe y quien no debe ser perdonado es Dios. Sin embargo, Jesús dijo: *"Si perdonas a los que pecan contra ti, tu Padre celestial te perdonará a ti; pero si te niegas a perdonar a los demás, tu Padre no perdonará tus pecados".* Mateo 6:14-15 (NTV)

Es decir, si nosotros queremos ser perdonados por Dios por nuestras faltas y ofensas que hacemos hacia Él, tanto los hijos como los padres deben de ser humildes y perdonarse el uno al otro, de esta manera Dios podrá perdonar las ofensas y pecados de ambos lados. Deben aprender que sin perdón, no hay perdón. Si en la tierra no hay reconciliación, tampoco lo habrá desde el cielo. Primero se debe sembrar perdón y arrepentimiento para cosechar de parte de Dios. De otra forma, es imposible que pueda perdonar sus pecados cuando fallen y pequen contra Él.

PREGUNTA FRECUENTE:

¿Por qué le tengo que pedir perdón a mi hijo?

Respuesta:

Pedirle perdón a un hijo no es lo más fácil para un padre, pero es lo más sano. Pedir perdón a un hijo es como aplicarle antiséptico a una herida. El hacer esto evita que la herida se infecte, después produzca pus y aún hasta puede causar amputación.

Pedir perdón y perdonar es algo que Jesús nos manda hacer hacia quienes nos ofenden y a quienes ofendemos. Pedirle perdón a un hijo por las malas actitudes, mal comportamiento, por momentos de ira, por ofenderlos con acciones, palabras, gestos y decisiones tóxicas es necesario para la salud emocional, espiritual y psicológica de un hijo.

Debes pedirle perdón a tu hijo porque:

1. Dios manda a que nos perdonemos el uno al otro para ser perdonados por Él.
2. Protegerá la perspectiva de amor que le tienes, de otra forma pensara que lo odias.

3. Evitará que tus hijos cosechen semillas de amargura y odio hacia ti y hacia a Dios

4. Es lo correcto delante de Dios.

5. El amor no se envanece ni busca lo suyo

6. Puedes evitar que tu hijo se pierda

7. Mantendrá la paz y la armonía activa dentro del círculo familiar.

8. No es cualquier cosa, para un hijo significa que le tienes amor, que aprecias su existencia, que estas feliz de que está en tu vida.

9. Es lo más grato y lo más emocionante, porque pensará y sabrá que a pesar de que ambos son imperfectos podrán cultivar la confianza para pedir consejos y abrirse de forma personal.

10. Es como darle un regalo de navidad extremadamente caro, y ellos lo saben.

11. Porque el evitar pedirle perdón a los hijos es lo más tóxico y lo más dañino que puede hacer un padre. Por acciones como éstas, los hijos evitan convivir, expresar sus sentimientos y causa inseguridad en sí mismo. Entre más rápido le pidas perdón, más rápido sanan y maduran.

12. Un hijo puede dejar de creer en Dios simplemente porque su padre que dice tener el Espíritu Santo, no es lo suficientemente humilde para dejar su orgullo, soberbia, y prepotencia para hacer las cosas bien.

13. Un padre que ama no muestra frutos de odio y rencor, sino de amor y perdón.

14. Los hijos quieren a sus padres llenos de amor y compasión, de lo contrario es un jarabe muy amargo el tener que percibir el rechazo y la indiferencia, es desagradable, es molesto y triste el tener que experimentar las vibras de un espíritu orgulloso, soberbio y prepotente. Prefieren retirarse y no hablarle a los padres, que estar presentes y sentir la ondas resonantes del odio, rencor y rechazo emocional de los padres.

15. Dios no quiere que tú ni tus hijos vivan en cautiverio, sino en libertad y en plenitud de gozo. Tú no mereces ser

cautivo del orgullo y el rechazo de tus hijos, ni tus hijos merecen sentirse inseguros, despreciados y con baja autoestima.

¡Perdona para ser liberado!

PREGUNTA FRECUENTE:

¿Cómo puedo pedirle perdón a mi hijo?

Respuesta:

La pregunta retórica sería: "¿Qué es lo que no debes hacer cuando le pidas perdón?"

Muchos padres hacen el intento de pedirle perdón a los hijos, pero la mayoría fracasa por falta de entendimiento y autoevaluación. Muchos intentan pedir perdón con regalos, dinero, palabras cortas y se equivocan en pensar que darle un obsequio es suficiente para los hijos.Sin embargo, lo que un padre debe entender es que el dinero y las cosas materiales no sanan heridas que fueron causadas por palabras, acciones y decisiones hirientes.

Para sanar una herida de tal magnitud debe haber palabras con sabiduría. Estas palabras deben ser puras, sinceras, y honestamente dichas. Es innumerable la cantidad de hijos que se sienten vacíos y abandonados porque sus padres no entienden que el pedir perdón no es darles dinero, obsequios o objetos materiales.

Los hijos se mueren, y se desviven por escuchar palabras de perdón de parte de sus padres. Es un deseo incontrolable que ellos producen cuando existe la ausencia del perdón de parte de un padre. Muchas de las veces intentan llenar ese vacío incontrolable que los carcome todos los días con sustancias ilícitas e ilegales. Comienzan a probar una cosa y gradualmente van aumentando la cantidad y la diversidad de alternativas para controlar ese vacío que sus padres le produjeron.

Como padre debes ser consciente y racional para entender que tu hijo no sanará con miles de dólares, ni carros, consolas de videojuegos ni nada de eso. Sanará el día que tu puedas decirle: "Hijo, perdóname por haberte ofendido y por haber dicho cosas que no estuvieron bien". Te garantizo que como hijo le pondrá *pausa* y *alto* a lo que este haciendo por escuchar las palabras de arrepentimiento que tienes por decir. Un hijo no solo necesita apoyo económico o material, sino emocional y psicológico.

Al acercarte debes primeramente presentarte con una actitud de honestidad y con intenciones sanas. Esto se debe a que tu hijo podría comenzar a levantar la voz, gritar, y reaccionar impulsivamente por los daños que has causado, pero no te alarmes, son reacciones naturales que son expresadas por la falta de atención y perdón.

Hay hijos que no saben controlar sus impulsos o su reacción corporal al escuchar tales palabras, las heridas pueden ser profundas en diferentes grados y esto define el resultado de su reacción. Los hijos ofendidos reaccionan con silencio, enojados, con indiferencia, y emocionalmente lastimados, suelen reaccionar con alteraciones de voz, movimientos corporales y reacciones agresivas; debes estar preparado para cualquier reacción que tengan ante la situación. Lo más importante que debes acordarte siempre es mantener la calma y tener serenidad ante la situación.

Quizás pienses que tu hijo está reaccionando de una forma inmadura e incoherente, y puede ser cierto, ¡pero es válida su reacción emocional! Lo importante ante todo es que seas sabio en cómo reaccionarías ante su expresión personal. Cuida tus palabras, tus acciones, tus decisiones y mantén tus pensamientos e intenciones puros y sanos, no le des cabida a la violencia y la agresividad, el reaccionar de tal manera podría empeorar la situación y abrir de nuevo las heridas que están presentes en sus emociones.

Cuando los hijos son heridos, guardan un sentimiento que nace en ellos que se llama *impotencia*. La impotencia es un nutriente que actúa como esteroide cuando hay ofensas verbales y emocionales. Ésta es la razón número uno cuando se trata de daños en las relaciones matrimoniales, interfamiliares, y aun de negocios. La impotencia crea expectativas en los hijos y nace la independencia.

Cuando los hijos no son escuchados sino ignorados, golpeados y no abrazados, regañados y no aconsejados, sienten impotencia, esto se debe a la barrera mental del respeto o la imposición de autoridad involuntaria. Cuando los padres repiten con constancia que *ellos* son los que mandan, esto crea claves o *tics* mentales en el pensamiento en ellos, pensando que *debe* y *no puede* hablar. Cuando los hijos llegan a pensar de esta forma es ahí donde podemos decir que se han criado esclavos y no hijos.

Veamos, los hijos tienen privilegios, derechos, autoridad, libre expresión, permiso de expresarse y de opinar. Los esclavos no tienen privilegios, no tienen derecho de nada, no tienen autoridad, no pueden expresarse, no tienen permiso de expresarse y mucho menos de opinar. Los esclavos tienen que estar callados y obedecer las órdenes sin decir palabra. La pregunta que te haré es "¿Quieres criar esclavos o hijos?"

Tienes que entender la mentalidad de un esclavo y de un hijo. El hijo nunca piensa en dejar a sus padres porque los ama, porque son personas especiales en su vida, jamás los quiere perder, nunca quiere que dejen de existir. Les sobra seguridad, confianza, esperanza, fe, autoestima, autoridad, honra y herencias. Al contrario de los esclavos, que les abunda el desprecio, quieren huir de sus amos, los odian, les seria una bendición la muerte de su amo, les sobra inseguridad, desconfianza, desilusión, no hay fe, baja autoestima, imposición, deshonra y pobreza.

¿Cómo tienes a tu hijo? ¿Es un hijo o esclavo?

¿Tiene derechos, o se tiene que callar? ¿Se siente seguro?

¿Tiene la libertad de expresarse o está lleno de temor?

¿Tiene herencia o le espera la pobreza?

¿Tiene confianza en hablar sobre temas delicados o no los habla por temor?

¿Tu hijo se quiere quedar en casa o quiere huir cuando tenga 18 años?

¿Quiere encargarse de tus negocios y riquezas o quiere venderlo todo y rehacer su vida?

¿Cómo tienes a tu hijo? ¿Has criado a un esclavo o a un hijo?

Cuando un hijo dice "¡Me tratas como esclavo!" es porque siente que no tiene derechos, no siente el apoyo de sus padres o sus hermanos. Cuando un hijo dice "¡Me tratas como esclavo!" es porque hay pendientes en la familia que se necesitan arreglar.

Como padre tienes que aprender a identificar cuales son los errores que has cometido, apuntarlos e irlos trabajando para que primeramente puedas ser un buen ser humano, segundo puedas ser un buen cristiano y por último puedas ser un buen padre. Un padre que no apunta sus errores, está propenso a cimentar sus pies en la ignorancia.

Siempre dispuesto a crecer, a cambiar, a mejorar y a tratar a sus hijos como hijos y no como esclavos, es un padre que está realmente mostrando amor. Un padre en la ignorancia no ama porque busca lo suyo. Un padre en la lógica ama porque quiere ver a sus hijos bien y aun hasta mejor que él. Amor no es darle a los hijos todo, amor es darlo todo sin esperar nada a cambio.Cuando te acerques a pedirle perdón a tu hijo, no le impongas porque no es un esclavo. Escuchalo, abrázalo y aconsejalo si es necesario.

Muchos se acercan con sus hijos para decirles:

- "Necesito hablar contigo porque estás mal" .
- "Necesitamos hablar porque hiciste mal".
- "Necesitamos hablar porque andas rebelde".
- "Necesitamos hablar porque andas bien mal".

¡O sea no! ¡Eso no tiene que ver con el perdón! ¡Eso querido lector, se llama SOBERBIA!

Pensar decirle a un hijo lo que está mal en él, puede ocasionar molestia y coraje, es como mocharse un dedo y pensar que otro crecerá en su lugar; ¡es ilógico!

Una verdadera reconciliación se construye con sinceridad, honestidad, arrepentimiento, amor y respeto. Debes ser sincero, porque es fruto de la humildad. La honestidad cosecha confianza y seguridad. El arrepentimiento cosecha compasión y sanidad. El amor cosecha entendimiento y empatía. El respeto cosecha admiración y consideración

La mejor manera de mostrar un verdadero arrepentimiento es ser humilde con los hijos. Ellos detectan cuando un padre pide perdón por cumplir o cuando de verdad lo está haciendo, porque quiere mejorar y tener la relación familiar en estado sano; nunca finjas cuando vayas a platicar con tu familia sobre los problemas.

Proverbios 3:3-4 dice:

"Nunca permitas que la lealtad ni la bondad te abandonen! Átalas alrededor de tu cuello como un recordatorio. Escríbelas en los profundo de tu corazón. Entonces tendrás tanto el favor de Dios como el de la gente, y lograrás una buena reputación".

RECORDATORIO:

1. Jamás humilles a tu hijo cuando le pidas perdón.

2. No lo obligues a que te pida perdón, sé el ejemplo pidiendo perdón primero.

3. No lo castigues después de que te pida perdón.

4. Una vez perdonado siempre perdonado. Evita traer a futuro las ofensas que se hicieron o dijeron. Una vez que se pidan perdón, suelten todo resentimiento y oren unos por otros para que la sanidad de Dios venga a sus vidas (Santiago 5:16).

PREGUNTA FRECUENTE:

¿Cómo le pido perdón a mi hijo?

Respuesta:

1. Ora a Dios por sabiduría y fuerza antes de ir a hablar con tu hijo.

2. Cita a tu hijo en algún lugar en donde puedan hablar cómodamente para arreglar sus diferencias.

3. No lo juzgues antes de hablar, escúchense el uno al otro.

4. Lee página 76

Fase 3

ACCIONES NO PALABRAS

La ofensa más grande para un hijo es un padre que habla pero no vive lo que predica o lo que enseña, detestan cuando practican el arte de la hipocresía. Es para los hijos una ofensa moral, espiritual e intelectual cuando enseñan y predican una idea pero no la ponen en práctica. Este es uno de los problemas más severos en las relaciones familiares.

Un hijo nunca creerá lo que sus padres le dicen hasta que lo vean con sus ojos. Nunca obedecerán hasta que vean con sus ojos la forma en que lo hacen. A los hijos no les entra la enseñanza que les quieres dar hasta el día en que los ven con sus propios ojos en ti. El ejemplo de los padres crea inspiración, y trae motivación para que ellos puedan seguir los pasos y de igual manera vivirlas día a día, en su transcurso a la perfección.

Lo mejor que puedas hacer delante de tus hijos es vivir lo que predicas. Nunca le prediques a tu familia lo que tú no haces. Predícales lo que vives, y si tienes que mejorar como persona, ¡mejora! No te quedes estancado porque no lo vives. Si Dios te dio una revelación o una palabra vívela, no la guardes. Los tesoros que Dios nos da con el paso del tiempo son para ser utilizados no para ser guardados en un cajón.

A tus hijos no les digas que los amas, muestrales que los amas. No les digas que los extrañaste, demuéstralo.

A tus hijos no les digas que deben ser mejores cristianos. Empieza siéndolo tú, para que ellos tengan el ejemplo perfecto de seguir en un camino recto.

A tus hijos no les digas que los aprecias, muestrales con afecto y obsequios o palabras alentadoras.

Celebra sus metas cumplidas, su cumpleaños, haz acto de presencia dando tu tiempo para invertirlo en todo lo que ellos hagan.

No les prediques lo que la religión te dice que prediques, predícales tu experiencia, tu conocimiento y se un tutor personal para cada uno de ellos.

No les digas que los quieres, márcales.

No les digas que lo extrañas, visítalos

Los hijos nunca van a entender el mensaje de los padres hasta que lo vean con el ejemplo. ¿Quieres que tus hijos mejoren y sean mejores personas? Haz lo necesario para poder alcanzar esa meta, visita, convive y aliméntalos con tu experiencia y recibe sus historias para alimentarte.

¡Una familia unida, jamás será vencida!

Capítulo 11

Enseña sin regañar.

De una mente sabia provienen palabras sabias;
las palabras de los sabios son persuasivas.
24 Las palabras amables son como la miel:
dulces al alma y saludables para el cuerpo.

Proverbios 16:23-24

De una mente sabia provienen palabras buenas; las palabras de los sabios son persuasivas, las palabras amables son como la miel; dulces al alma y saludables para el cuerpo

Proverbios 16:23-24 (NTV)

La palabra arte significa: Capacidad, habilidad para hacer algo.

La palabra paciencia significa: Capacidad de padecer o soportar algo sin alterarse.

Es decir, cada padre debe aprender a ejercitar su capacidad de poder soportar las situaciones difíciles sin alterarse.

Después de la Crucifixión y la Resurrección de Jesús, Él se quedó 40 días enseñando y hablando con ellos de lo último que tenía que decirles, una de muchas palabras que les dijo antes de ascender al cielo fue a sus discípulos en Hechos 1:

"Pero recibirán poder cuando el Espíritu Santo descienda sobre ustedes; y serán mis testigos, y le hablarán a la gente acerca de mí en todas partes: en Jerusalén, por toda Judea, en Samaria y hasta los lugares más lejanos de la tierra" (Hechos 1:8 NTV).

La palabra *poder* significa:

1. Tener expedita la facultad o potencia de hacer algo.

2. Tener facilidad, tiempo o lugar para hacer algo.

Algo que los padres cristianos tienen que aprender a dominar es la lengua y las palabras que salen con ella. La carta de Santiago a la iglesia es muy enfática y habla a la iglesia primitiva de forma enfocada para que los hermanos en Jerusalén pudieran tener en cuenta la importancia del dominio propio.

Si hay algo de lo cual se carece dentro del círculo social "cristiano", por decirlo de alguna manera, es la falta de conocimiento. Es decir, lo que más abunda entre la iglesia es la ignorancia. Sin discriminar ni humillar a nadie, queda claro que dentro de la iglesia hay de todo tipo de personas. Desde personas que nacieron y crecieron con educación hasta las personas que solo nacieron y han estado conduciendo su vida conforme las necesidades que se les han presentado en la vida.

Esto ha llevado a las generaciones presentes a que resguarden la ausencia de la educación, sobre todo en la cultura latinoamericana existe en abundancia la existencia de disciplina extra tradicionales que han afectado la manera en la que piensan muchos padres; logrando que desobedezcan la palabra de Dios y se dejen llevar por sentimientos encontrados de su pasado y momentos que dañaron su corazón en la infancia, adolescencia o juventud. Por ende es que vivimos en una sociedad de "vidrio." como dice el dicho "de tanto que va el cántaro al agua, se rompe…".

Esto es lo que ha pasado con las generaciones pasadas, los padres recibieron castigos y disciplinas anti-bíblicas e influenciadas por la ausencia de educación paternal y la presencia de la ideología cultural del país. Esto ya no puede continuar, como padre debes decidir si tus hijos serán fruto de una tradición, o el fruto de una transformación. Al menos cuando a mi me toque tener a los míos, voy anhelar que sean fruto de la transformación.

Cuando eres fruto de la tradición no hay cambios sino heridas y hoyuelos en la manera de pensar. Sin embargo cuando somos fruto de una transformación todo lo que está hecho en Dios termina complementando las necesidades individuales de cada persona. Es por eso que la tradición es lo que la nueva generación de jóvenes evita practicar porque dentro de ello saben que la tradición trae consigo consecuencias que pueden dañar sus sentimientos y emociones, en vez de trabajar de forma constructiva en la vida de cada individuo. ¡Esquiva y evita las tradiciones!

Como padre tienes que entender que en Cristo ya no hay una obligación de actuar de forma inapropiada con la familia, los hijos, la pareja, y los familiares exteriores. Ahora que hay conocimiento, hay una oportunidad de que todos puedan recibir la educación apropiada. Cada quien debe aspirar a educarse más y más en el desarrollo espiritual e intrafamiliar.

El mundo está cansado y busca alternativas para mejorar el ambiente y la educación familiar. El cambio de cultura no ha podido suceder, porque aun hay personas quienes creen que la ideología de la ignorancia es la que triunfa sobre el razonamiento. Debemos entender que la ignorancia y la falta de ambición educativa ha traído en consecuencia generaciones dañadas. Esto ha creado una ola de lágrimas, sangre y muertes.

No podemos continuar creyendo que Jesucristo solamente es el Dios de ayer. La Palabra nos enseña firmemente que Jesucristo es el mismo de ayer, de hoy, y por los siglos de los siglos. La misericordia de Dios ha estado presente para cada persona que le busca, que decide cambiar como persona. Tenemos que entender que la misericordia de Dios no solo es para nosotros, sino para nuestros hijos, y para los hijos de nuestros hijos.

Dios ofrece una misericordia ampliamente ilimitada. Esto significa que nuestro conocimiento como seres humanos jamás debe de menguar, jamás debe de parar. En Dios no hay señales por cada esquina que digan, ¡alto! Dios quiere que cada padre diversifique su conocimiento, su aprendizaje, y la manera en que aplica las cosas importantes de la vida, como práctica para que las generaciones presentes y las que vendrán, tengan un conocimiento bastante amplio de cómo es importante mejorar como personas. Tus hijos deben decir: "de mis padres lo aprendí todo, me enseñó todo, me lo dijo todo..".

Las tumbas y los panteones están llenos de inventos, conocimiento, proyectos, sueños, ideas, visiones e infinidad de inteligencia humana por causa de padres y personas que fueron egoístas en compartir su conocimiento.

No le robes a tus hijos el conocimiento que tienes, ni las visiones que quieres emprender.

1. Abraham compartió su conocimiento con Issac.

2. Issac compartió su conocimiento con Jacob.

3. Jacob compartió su conocimiento con sus doce hijos.

4. Moisés compartió su vida con Josué.

5. Elias compartió su vida con Eliseo.

6. El sacerdote Elí compartió su vida con el profeta Samuel.

7. Isai compartió su conocimiento con David.

8. David compartió su conocimiento con Salomón.

9. José compartió su conocimiento con Jesús.

Cada padre tiene la obligación de enseñarle a los hijos el conocimiento, la experiencia, y explicarle a los hijos como tener propósito en esta vida. Si no comparte su conocimiento entierra su legado, un padre que reparte su experiencia se vuelve inmortal.

PREGUNTA FRECUENTE:

¿Cómo le puedo enseñar a mis hijos lo que yo conozco?

Respuesta:

"Y las repetirás a tus hijos, y hablarás de ellas estando en tu casa , andando por el camino, y al acostarte, y cuando te levantes. Y las atarás como una señal en tu mano, y estarán como frontales entre tus ojos, y las escribirás en los postes de tu casa y en tus puertas" (Deuteronomio 6:7-9 *RVR1960*).

"Nunca se aparten de ti la misericordia y la verdad; átalas a tu cuello, escríbelas en la tabla de tu corazón; Y hallarás gracia y buena opinión ante los ojos de Dios y de los hombres" (*Proverbios 3:3-4* RVR1960).

Si hay algo que los padres deben hacer al enseñarle a sus hijos todo lo que saben, es tenerles misericordia y paciencia. Es decir que aunque el hijo esté batallando en aprender lo que se le está enseñando debe ser paciente porque es algo nuevo que ellos no aprendieron por causa natural, sino es algo que se les está inculcando, es conocimiento clave que no existe en las escuelas, o en temáticas de literatura.

Enseñarle a los hijos el conocimiento que tienes es lo que hace que como padre seas único, especial, eres la única edición de tu vida y tus hijos pueden ser trascendentes de tu legado o tumbas predestinadas. Tú decides si quieres marcar una diferencia en este mundo con ellos o terminarlo con ellos.

Muchos padres cometen el error de querer solamente regañar a los hijos esperando a que lleguen a razonar por los golpes y las palabras ofensivas y de esa manera esperar a que entiendan lo que es bueno y lo que es malo.

La pregunta del millón es: "¿Y qué tal si estructuramos un plan de aprendizaje?"

Un plan de aprendizaje establece una guía mental, y espiritual para que los hijos vayan aprendiendo a tener propósito en la vida. Los hijos tienen demasiado valor y necesitan tener un plan establecido por los padres para que ellos puedan ir desarrollando su potencial con el paso de los años.

Un plan de aprendizaje diversifica las maneras en las que un padre puede trabajar con sus hijos de forma efectiva y rápida. Un plan de aprendizaje permite que los hijos entiendan a los padres de forma natural para que no se estanquen o se pierdan en el transcurso de la vida.

¿Cómo se forma un plan de aprendizaje?

Antes que todo tienes que comenzar el plan de aprendizaje en forma cronológica, trabajar de esta forma permite que puedas colocar las enseñanzas específicas para su edad; es decir, las enseñanzas que transmitas a tus hijos deben de hacerse de acuerdo a la edad y el conocimiento de tus hijos. No puedes enredar el proceso de aprendizaje que tienen los hijos, tienes que ir conforme al conocimiento y la madurez de ellos.

Un plan de aprendizaje también ayuda a los padres a diversificar las enseñanzas y las dinámicas que se deben practicar. Un padre preparado y concentrado es como un soldado que sale al campo de guerra y sabe que su objetivo es ganar la guerra.

¿Cómo puedo empezar un plan de aprendizaje?

1. Identifica que tipo de hijos quieres criar.

2. Identifica los obstáculos y las dificultades de cada hijo.

3. Ayuda a cada hijo a que identifique "¿Qué quiere en la vida?" "¿Qué quiere Dios de su vida?" "¿Hacia dónde debe ir su camino?"

4. Conectate con Dios para que te ilumine y te enseñe que es lo que Él quiere para cada uno de tus hijos. La crianza sin Dios es una pérdida de tiempo, Él debe ser el centro de atención y debe ser tu maestro para que puedas instruirlos correctamente en el camino del bien y no del mal.

PREGUNTA FRECUENTE:

¿Cómo debo enseñarle a mis hijos sin regaño?

Respuesta: Lo primero que se debe aclarar es: **¿Que es un regaño?**

Un regaño es una reprimenda, un apercibimiento o un sermón. Cuando una <u>persona</u> regaña a otra, le está manifestando su disgusto por alguna acción o palabra. Lo que hace un regaño es transmitir un enojo o una desazón. Por lo general, quien regaña pretende no sólo hacerle notar su malestar al otro individuo, sino que también le reclama un cambio en su <u>conducta</u> o en su actitud.

¿Quién debe ser regañado?

Es muy importante que como padre entiendas que los regaños no deben ser usados al menos que los hijos definitivamente no entiendan lo que se les está comunicando con claridad, paciencia y misericordia.

NUNCA regañes a un hijo inocente de la situación. Un hijo que no se le ha instruido, no se le ha explicado o no entiende lo que debe hacer, no debe ser regañado.

Solo los individuos que no entienden después de la instrucción, explicación y ejemplos correctos y deciden hacer lo malo son quienes deben ser regañados.

NUNCA regañes a un hijo que no sabe de lo que se debe hacer, de lo contrario si regañas al hijo por algo que no sabe o por aun no entender, lo único que harás es crear inseguridad y resentimiento en el corazón de los hijos.

NUNCA regañes a un hijo que no entendió lo que quisiste decir, por lo contrario pregunta a tu hijo con frases como:

"¿Entiendes lo que te pido?" "¿Estamos en el mismo canal?"

"¿Puedes repasar lo que dije? para asegurarnos que lo entendiste.

"¿Hay algo que no hayas entendido para explicarlo de nuevo?

"¿Necesitas ayuda en aclarar algo?"

El error que muchos padres cometen al comunicar alguna cosa con los hijos es enojarse, echarle combustible al enojo, y usar ese enojo para herirlos con comentarios hirientes que pueden hacer que ese hijo se sienta insatisfecho.

Muchos padres optan por usar frases como: "¿Estás burro?"

"¿Por qué no me entiendes tonto?" "¡Estas muy estúpido!"

"¡No sirves para nada!" "¡Eres peor que un burro! "¡Eres un bueno para nada!"

¡ALTO!

¡Nunca utilices las fallas de tus hijos para hacerlo sentir menos!

Es una violación a derechos individuales usar las fallas de los individuos para hacerlos sentir mal, en la actualidad a esto se le llama "Bullying". Cometer este error no solo es erróneo, es simplemente injusto, inmoral y demuestra que la calidad de persona como padre no es lo que aparenta ser con los demás.

Toda mi vida he conocido a hijos de toda edad y toda clase. Esto incluye a hijos de padres ricos, padres renombrados, que aparentan no tener ningún defecto, pero sus hijos son los que han sufrido el desgaste emocional, espiritual y psicológico. Muchos han sido los hijos que se me han acercado para decirme sobre las inseguridades que sus padres les ocasionaron por un error que cometieron.

Como padre debes entender que no solo tú, sino tus hijos son los que pasan estrés durante el transcurso de su día, pasan por muchas dificultades que ponen a prueba las enseñanzas que se les dan en casa. Lo irónico es tener que practicar con papá y mamá cuando ellos son quienes están protagonizando como el villano en el momento inesperado. Es difícil que un hijo pueda practicar lo que se le ha dicho cuando el maestro (a) le está enseñando con actos que distan todo lo contrario.

Son innumerables las veces que mi corazón se ha hundido en la decepción al ver la tristeza y las lágrimas, de hijos que sus padres jamás han hecho el esfuerzo por reconciliarse o pedir perdón por una mala acción. Los padres no solo deben de cuidarse de no regañar innecesariamente, también tienen que estar conscientes del vocabulario que usaron para dirigirse hacia sus hijos. No se puede dejar pasar por desapercibido, tienes que enfrentar a tus hijos cuando tu conciencia te traiga a memoria que la forma en la cual actuaste no fue la correcta.

Muchos padres se me han acercado para preguntarme y dicen: "¡Es que él fue el culpable!"

"¡Es que yo le dije, pero no entendió!"

"¡Es que me desespera!"

Querido padre, debes entender que no se trata de culpables, ni tampoco se trata de señalar a quien es el responsable de cualquier acto o error que se haya cometido. El hecho que un hijo no entienda, no cumpla, o no obedezca no te otorga el derecho para que lo discrimines, lo hagas inseguro con frases hirientes, lo golpie, o lo insulte con acciones y palabras, un padre como hijo de Dios debe comportarse como Dios se comportaría contigo y no menos de eso.

La palabra de Dios es claro cuando dice

Padres, no hagan enojar a sus hijos con la forma en que los tratan. Más bien, críenlos con la disciplina e instrucción que proviene del Señor (Efesios 6:4 NTV).

¿Qué es lo que tengo que hacer para poder instruir, disciplinar, y corregir a mi hijo?

El apóstol Pablo lo pone en orden para que cada uno de nosotros lo podamos entender y de la misma manera se pueda implementar.

Los pasos son:

> 1. **No hagas enojar a tus hijos,** son muchas las veces que los padres ocasionan que sus hijos se enojen con injusticias, mentiras, engaños y malas acciones como golpes e insultos.
>
> Muchos son los padres que dejan pasar estas acciones voluntarias e involuntarias y se olvidan que los hijos también tienen sentimientos, mente, alma y emociones que pueden ser dañados fácilmente por palabras y contestaciones que hieren y dañan los corazones de los hijos.
>
> Muchos son los hijos que prefieren no saber de Dios y todo lo que puede ofrecer, porque los padres simplemente no viven la Palabra, solo la predican y la viven a la conveniencia de la sociedad y viven a su propio conocimiento y no el de Dios.

PREGUNTA FRECUENTE:

¿Cómo puedo evitar problemas entre mis hijos y yo?

Respuesta:

1. Nunca le faltes el respeto cuando estés enojado.

2. Nunca lo hagas de menos.

3. Nunca lo descrimienes.

4. Nunca utilices la frase: "Yo soy tu padre" para justificar tus malas acciones, malos comportamientos, o palabras y acciones groseros. Asume las verdades que te digan, toma responsabilidad y cambia como ser humano, ¡es lo que la Biblia nos enseña!

5. Háblale como si fuera un ser humano que conoces por primera vez, nunca te dejes engañar al pensar que por el hecho de ser tu hijo, te da el derecho de hacerle mal con palabras y acciones. Dios te presto a tus hijos para que los disfrutes y los criaras en su conocimiento, no para que los destruyas con palabras y acciones hirientes.

Recuerda: El que hiere a un hijo es amigo del diablo, el que levanta a un hijo es amigo de Dios.

"El propósito del ladrón es robar y matar y destruir; mi propósito es darles una vida plena y abundante (Juan 10:10 NTV).

2. **Críalo en disciplina,** es decir enseñale los hábitos que él tiene que saber ejercer y poner en práctica.

   Es injusto e incorrecto cuando un padre (o madre) quiere corregir a un hijo por algo que a él no se le enseñó. Un padre que se esmera y pone suficiente empeño de esfuerzo y dedicación, enseñando todo lo que debe saber tiene el derecho y el respeto de los hijos cuando hay una equivocación.

   De lo contrario, los hijos que no son criados con hábitos y costumbres son difíciles de enseñar y hacer que cambien de mentalidad y costumbres cuando estén grandes.

3. **Instruirlos con conocimiento que viene de Dios**. ¿Qué significa esto? Esto significa que primeramente tiene que estar la Palabra de Dios antes de cualquier pensamiento personal que pueda interferir con la crianza de los hijos. No puedes instruir a un hijo con el conocimiento humano, porque el conocimiento humano es limitado y perverso. Pero la Palabra de Dios es viva, efectiva y más cortante que una espada de dos filos.

PREGUNTA FRECUENTE:

¿Cómo se debe regañar?

Respuesta:

"De una mente sabia provienen palabras buenas; las palabras de los sabios son persuasivas,las palabras amables son como la miel; dulces al alma y saludables para el cuerpo" (Proverbios 16:23-24 NTV).

Por muchos años y siglos, se ha escuchado de padres que regañan a los hijos con palabras hirientes y acciones dolorosas que destruyen el corazón y las emociones, pero nadie se pone a pensar en cómo se deben de regañar a los hijos.

Lo primordial que un padre debe entender es que un regaño es una corrección, no un momento alterado de gritos, golpes y manoteos. Cuando un padre está por regañar es que tomará el tiempo y las palabras para corregir al hijo de manera apropiada para que él:

1. Entienda que hizo mal.

2. Corrija su error.

3. Pueda hacer el esfuerzo para hacerlo mejor.

4. Pueda ser mejor persona.

Un regaño jamás debe ejecutarse con violencia y palabras hirientes; a eso se le llama "maltrato o violencia doméstica", el corregir a un hijo es hacerlo entender que hizo mal, que no lo hizo bien, o que está haciéndolo de forma incorrecta, pero para ello debe haber un intercambio de palabras con serenidad y sabiduría. Un padre debe entender que cuando se corrige es porque está por compartir sabiduría, experiencia y conocimiento no de lo contrario.

Muchos piensan que la forma correcta de regañar y llamar la atención hacia los hijos es demostrando el furor y el desagrado del momento, esto solo crea escenas vergonzosas y trae resentimiento a ambos partidos. Un padre debe ser sabio y astuto a la hora de corregir y siempre acordarse que antes del furor está la serenidad, la paciencia, la misericordia y el amor incondicional hacia los hijos. Los hijos no se crían con gritos y violencia, se educan con amor y misericordia

PREGUNTA FRECUENTE:

¿Cómo puedo dirigirme a mis hijos de forma apropiada, educada y con sabiduría?

Respuesta:

Hay tres escenas que siempre aparecen en el enojo en los padres cuando los hijos cometen un error o una inconveniencia

1. En público

2. En casa

3. Cuando están lejos del alcance

Un padre debe saber cómo dominar la situación sin dejar que las cosas se salgan de control. Todo debe ser hecho con control y sabiduría. Esto significa que un padre debe hacer el esfuerzo para no exponer la intimidad disciplinaria de la familia. Esto significa que los padres jamás le deben de llamar la atención a los hijos frente al público o cuando están lejos del alcance. Un padre debe ser sabio a la hora de llamar la atención de los hijos.

Lo recomendable para los padres y la familia entera para evitar pasar vergüenzas y momentos incómodos es tener un plan estratégico que pueda controlar la situación sin hacer escándalo. Esto quiere decir que deben tener plan A,B,C para cuando se enfrenten a un momento incómodo. De esta manera podrán evitar vergüenzas, momentos incómodos y así pueden mantener la postura familiar ante los demás.

PREGUNTA FRECUENTE:

¿Qué es plan A,B,C?

Respuesta:

Los hijos en general tienen comportamientos similares estos son:

1. Irritación

2. Desobediencia

3. Ignorancia

El plan A,B,C debe estar listo para cuando el momento se presente, no tengan que batallar ni tendrán dificultad en tomar la decisión de "¿Qué hacemos?" en medio de un momento incómodo.

El plan estratégico consiste en decisiones predeterminadas para que se pueda ejecutar con facilidad y efectividad dentro de las tres áreas comunes. Esto ayuda a que los padres eviten que las personas de su alrededor se incomoden y tengan que hacer sus propios planes aparte o se tengan que ir por lo que está sucediendo.

PREGUNTA FRECUENTE:

¿Qué ejemplos hay para efectuar el plan A,B,C?
Respuesta:

Estos son algunos de los ejemplos para que puedan decidir que hacer dentro de un momento incómodo.

Ejemplo #1: Un niño está llorando y hace berrinche porque quiere un dulce, o un juguete.

Plan A: Regañarlo y decirle que no

Plan B: Pegarle y decirle que no

Plan C: Dejarlo llorar y que incomode a los demás

Plan D: Irse de lugar y regresar en otro momento

¿Cuál plan crees que sería el correcto?

El plan correcto para una situación como tal es Plan A, y Plan D

Explicación: Un padre debe de terminar con la situación lo más pronto posible abarcando 3 cosas.

1. La comodidad de los que le rodean
2. La enseñanza al hijo, que entienda que no se puede en el momento
3. Evitar la vergüenza, que todos se le queden mirando por cómo se comporta su hijo.

Bono: Si el niño entiende, explique el porqué de su respuesta.

Ejemplo #2: Un Adolecente está llorando y hace berrinche porque quiere salir a jugar con sus amigos.

Plan A: Regañarlo y decirle que no

Plan B: Pegarle y decirle que no

Plan C: Dejarlo llorar y que incomode a los demás

Plan D: Sentarse a explicarle porque no puede ir

¿Cuál plan crees que sería el correcto?

El plan correcto para una situación como tal es Plan A y Plan D

Explicacion: Un padre que tiene a un adolecente debe ser paciente y debe tomar tiempo de brindar conocimiento y guianza para darle conocimiento de: "¿Cómo es que se toman las decisiones?", "Porque se debe tomar esa decisión", "Qué beneficio hay al tomar esa decisión" "¿Cómo puede cambiar esa decisión?"

Los adolescentes son los que siempre están cambiando de perspectiva, hormona y pensamiento. Están gradualmente creciendo y absorbiendo conocimiento. Un padre responsable explica, guía y advierte cuando algo no puede cumplirse o que pasaría si hiciera lo contrario. Esto controla al adolescente y lo hace entender. Es decir, brinda conocimiento y experiencia para que sepa cómo ganarse ese privilegio.

Ejemplo #3: Un Joven está haciendo berrinche por teléfono porque quiere salir con sus amigos a pasear y toma la libertad de insultar, enojarse y quebrar el celular. Pero no tiene permiso porque se ha comportado mal y no ha sido responsable con sus quehaceres en la casa.

Plan A: Decirle que no

Plan B: Gritarle por teléfono

Plan C: Ir por él para llevarlo a casa

Plan D: Persuadirlo que vaya a casa

Plan E: Hablar con sus amigos para saber hacia dónde se dirigen

¿Cuál plan crees que sería el correcto?

El plan correcto para una situación como tal es Plan A, Plan C y Plan D

Explicación: Un padre jamás debe dejar a sus hijos en las manos de los hijos de otros padres especialmente si no los conoce. La prioridad es cuidar, proteger, guiar y educar a los hijos. La probabilidad de que sean influenciados por lo malo, padezcan peligro, y aun puedan ser lastimados por alguien emocional y psicológicamente, es más alto cuando los padres no están presentes y confían en los hijos cuando aún no son lo suficientemente maduros para tomar decisiones correctas.

Como puedes ver en este capítulo, regañar no significa que necesariamente tengas que usar la vara o la violencia.

Regañar, disciplinar o corregir es el sinónimo de hacer entender a un hijo:

- Lo que es bueno o malo
- Lo que es correcto
- Lo que hizo mal
- Lo que no debe hacer
- Lo que puede prevenir al hacerlo como se le instruye
- Los beneficios de hacerlo como se le dice

Regañar no siempre es la alternativa para un disgusto. Primero debes preguntarte como padre

- ¿Por qué lo hizo?
- ¿Por qué optó por hacerlo de esa manera?
- ¿Qué llevo a mi hijo a comportarse de esa manera?
- ¿Qué puedo hacer para que mi hijo entienda?
- ¿Hay algo que debo aprender de él que no sé?

Nunca tomes una decisión de accionar sin antes filtrar las consecuencias de tus acciones. Antes de regañar, analiza. Antes de corregir con vara, analiza si es necesario antes de llamar la atención, analiza cómo le explicarías. Antes de sentenciar una disciplina, analiza la gravedad de la situación.

NOTAS ESENCIALES

- Lo más Importante, antes de cualquier corrección, es imponer tus manos sobre tu hijo y orar para que Dios le otorgue sabiduría, paz y entendimiento.
- Lo esencial es mantener la calma, la seguridad y la fe a que Dios hará la obra en él/ella.
- Es necesario discernir so

RECUERDA:

"De una mente sabia provienen palabras buenas; las palabras de los sabios son persuasivas, las palabras amables son como la miel; dulces al alma y saludables para el cuerpo" (Proverbios 16:23-24 NTV).

Los que tienen entendimiento no pierden los estribos; los que se enojan fácilmente demuestran gran necedad (Proverbios 14:29 NTV).

Capítulo 12

Cultura Familiar

Los hijos son un regalo del Señor son una recompensa de su parte. 4 Los hijos que le nacen a un hombre joven son como flechas en manos de un guerrero. 5 ¡Qué feliz es el hombre que tiene su aljaba llena de ellos! No pasará vergüenza cuando enfrente a sus acusadores en las puertas de la ciudad.

Salmos 127:3-5

DIA FAMILIAR

He aquí, herencia de Jehová son los hijos; Cosa de estima el fruto del vientre. Como saetas en mano del valiente, así son los hijos habidos en la juventud. Bienaventurado el hombre que llenó su aljaba de ellos; No será avergonzado cuando hablare con los enemigos en la puerta (Salmos 127:3-5 RVR1960).

Todos hemos escuchado o por lo menos nos damos una idea de lo que es el día familiar dentro de una iglesia. Por lo regular cuando un pastor menciona que tal día es el día familiar, a lo que siempre se refiere es que ese es el día en el cual se le debe de dar tiempo de calidad a los hijos y a la pareja para no perder la atención, la química y el amor entre familia. Este día se supone que es especial porque es cuando los padres e hijos dejan a un lado todo lo que hacen y se enfocan en hablar, jugar, comer, platicar y disfrutar del momento entre familia. Por lo regular y por tradición, los pastores llenan la semana con actividades para desarrollar cada área de la iglesia que es el liderazgo, los varones, las damas, los jóvenes, adolescentes, y niños con el fin de traer educación y desarrollo espiritual de cada individuo.

Como hijo de pastor y miembro de iglesias en el pasado, Dios me permito desde una temprana edad tener la conciencia de mis alrededores y de mis experiencias personales. Crecí toda mi vida dentro de la iglesia desarrollándome en cada área y experimentando cada perspectiva y cada rincón de la iglesia. Desde la escuela dominical hasta las reuniones de liderazgo, ministros, diáconos, varones, damas, jóvenes, adolescentes, niños, pastorales y conferencistas. Gracias a Dios he tenido una perspectiva de lo que es vivir dentro de la iglesia como miembro, como creyente, como hijo, y como ser humano. La experiencia presencial de vivir la cultura de diferentes iglesias me ha permitido identificar cuales son las áreas que necesitan atención, o cuales son las áreas que necesitan menos atención y más independencia. Áreas que necesitan menos teoría y más práctica. La iglesia es un rompecabezas sin límites. Siempre hay algo nuevo que aprender y siempre hay algo que añadir, experimentar, investigar, solucionar, o desarrollar. La familia es el corazón de la iglesia.

Como ministro e hijo de pastor, me di cuenta que hay un vacío dentro del movimiento eclesiástico, es decir dentro de la iglesia. Siempre resaltan los eventos, conferencias, capacitaciones, actividades para cada área de la iglesia, pero nunca hay una capacitación para padres o un servicio de restauración familiar. Esto es un grave problema.

Como iglesia y miembros de una congregación la materia que crea un vínculo y relación dentro de la Iglesia son los hijos. Si hay algo que todos dentro de una congregación identificamos como igualdad, son los hijos. La mayoría de las personas que tienen familia dentro de una iglesia tiene hijos

Los problemas que se encuentran en la Iglesia con los hijos:

- Rebeldía

- Se descarrilan

- Se alejan de Dios

- Sufren traumas

- Son confundidos

- Tienen falta de atención

- No hay disciplina y corrección

- Falta de amor

- Y la lista sigue creciendo...

Muchas veces, esta lista se repite y se crea un ciclo dentro de la iglesia por falta de discernimiento, atención, madurez, experiencia y dirección de Dios. Y he ahí que Dios quiere que entendamos que los hijos no solamente vinieron a esta vida para hacer a cada padre feliz y ser parte de una familia. Ellos algún día van a crecer, van a ser adultos, tomarán sus propias decisiones, harán su propia vida, y tendrán a sus propios hijos.

En la actualidad se está creando un pensamiento circular que consiste solo en pensar en los adultos y distraer a los niños, pero cada padre necesita entender que los hijos ahora no tienen que esperar a tener diez años para poder tener conciencia. Dependiendo de las actividades y la atmósfera en el que se encuentren eso determinará su desarrollo mental, emocional, y espiritual.

La palabra indica a cada creyente que "oren y estén velando porque el enemigo anda como león rugiente..", es decir, el enemigo nada más espera a que descuides de tus hijos para comenzar a sembrar semillas de confusión, de odio, de rencor, y esto conlleva al desarrollo en los hijos de ansiedad, depresión, problemas emocionales, psicológicos, psiquiátricos y espirituales.

La mayoría de las veces son muchos los padres que corren con el pastor para pedirle que aconseje a sus hijos, pero hay limitantes en su trabajo, hay un tope en lo que el pastor puede hacer con ellos. Es responsabilidad de los padres aconsejar, corregir, direccionar y de disciplinarlos. Los hijos podrán escuchar el buen consejo de un pastor, pero está en los padres que promuevan la motivación.

Aunque un hijo se quede con el pastor todo el día para aprender de él, lo podrá hacer por un tiempo, pero está en los padres motivar y enseñar a los hijos *como* se continúa practicando en el diario vivir. Los padres son el modelo natural y presencial de los hijos.

No hay hijo que le preste más atención a sus padres que a un pastor, maestro, presidente, militar, o policía. Los padres siempre serán el modelo a seguir de los hijos. Si son malos, los hijos terminarán mal. Si son sabios, los hijos terminarán siendo sabios. Si son alocados, los hijos terminarán locos. Si son rateros, los hijos terminarán siendo rateros. Si son personas de bien, los hijos terminan siendo personas de bien. Cada uno bajo la dirección de sus padres.

PREGUNTA FRECUENTE:

¿Qué puedo hacer para tomar tiempo con mis hijos y solucionar los problemas personales con los que se encuentran?

Respuesta:

Para tener un entendimiento más claro de tus hijos y los problemas con los que se enfrentan, debes acercarte más a ellos y mostrar transparencia entre la familia.

Esta guía de círculo familiar te ayudará para que puedas ponerlo en práctica y así puedas tomar cercanía y responsabilidad con tus hijos. De esta forma se fortalecerá el amor y la fraternidad en la familia.

GUIA DE CIRCULO FAMILIAR

PROPÓSITOS: ACERCARSE A DIOS Y A LA FAMILIA

ACTIVIDAD: La familia debe escoger alguna actividad para convivir y tener un buen rato, durante la actividad pueden tener alimento y/o botanas para que puedan estar juntos y unidos. Puede ser en casa o fuera de casa

1. **ALIMENTOS:** El círculo es familiar, por lo tanto, pueden hacer lo que quieran, no hay límites, ya que un círculo familiar es para que puedan convivir y platicar.

2. **ORACIÓN:** La familia debe empezar el círculo familiar con una oración dando gracias a Dios por la comida y por permitir que todos estén presentes. Los padres e hijos deben hacer una oración rápida para pedirle a Dios que guíe y dé sabiduría a la familia para que puedan ser una mejor familia y puedan cumplir el propósito que tiene para cada uno en su vida, y después seguir con el orden.

3. **AGRADECIMIENTOS:** Después de cada reconocimiento, aplaudan y festejen el uno al otro por los logros y objetivos cumplido.

   - Empezaran los padres reconociendo a su pareja, esposo/a por los logros y esfuerzo de la semana frente a los hijos, e incluir a los hijos a que agradezcan y reconozcan el trabajo de sus padres, por el arduo trabajo que hace.

   - Después de haber reconocido a la pareja, y los hijos a sus padres, los padres reconocen y agradecen a los hijos por trabajar en sus logros, sea escolares, personales y en general.

   - Los hijos reconocen el trabajo de sus hermanos/as y celebran el uno al otro sus logros individuales, familiares, y del hogar.

4. **METAS DE FAMILIA:** Los padres deben decidir y establecer cuales son las metas de la familia a largo plazo, en un mes, y en una semana, para que los hijos entiendan el propósito y el rumbo de la familia.

5. **PROBLEMAS DE LA FAMILIA:** Los padres deben comunicar a los hijos los problemas que están presentes en el momento actual, esto incluye económico, gastos eléctricos, agua, comida, gas, renta. Esto traerá madurez, consideración e inclusión a los hijos.

6. PROBLEMAS INTRAFAMILIARES: La familia debe dialogar sobre problemas que hay entre ellos sin importar el tiempo, este es el momento perfecto para que los padres resuelvan problemas entre los hijos, y/o pedir una disculpa general a su pareja por alguna mala acción que se hizo frente a los hijos.

7. PROBLEMAS INDIVIDUALES: Los padres tomarán la libertad de preguntarle a sus hijos sobre sus situaciones personales y trabajar con las inseguridades, preocupaciones, estancamientos, y batallas personales. *OJO:* Antes de empezar deben asegurarse de que los hijos entiendan que la voz de todos es válida, no se vale la burla, el desprecio, no se vale juzgarse el uno al otro, todos deben primero ser misericordiosos antes de hablar o sugerir alguna cosa.

8 . CONSEJERÍA INTRAFAMILIAR: Después de haber escuchado las inseguridades y problemas personales de los hijos, los padres deben hacerlos sentirse suficientes, plenos y capaces de si mismos, dando consejos que los haga entender el propósito de las cosas en la vida, y de los resultados que han tenido, sobre el propósito de Dios en su vida, razón por la cual Dios permite que cosas pasen en la familia y de manera personal. Los padres deben animar a los hijos a que se aconsejen el uno al otro algo constructivo para que ganen seguridad y conocimiento.

9. SOLUCIÓN DE PROBLEMAS: Los padres deben de comunicar a los hijos las observaciones que tuvieron durante la semana, tales como, malos comportamientos, irresponsabilidades, malas calificaciones, falta de respeto, falta de educación. Deben tomar acción y preguntar a los hijos ¿POR QUÉ LO HICIERON? y corregirlos enseñado ¿POR QUÉ NO ESTUVO BIEN LO QUE HIZO? Después de saber el porqué lo hicieron y explicar porque no estuvo bien, deben enseñar CÓMO ES QUE SE DEBE HACER, ¿POR QUÉ? y ¿PARA QUÉ?

10. PERDÓN INTRAFAMILIAR: Los padres deben establecer y enseñar que es el momento para disculparse el uno al otro. Empezaran pidiendo disculpas por alguna acción o decisión que ofendió a los hijos y éstos deberán tomar el momento para pedir disculpas por su comportamiento, su conducta e irresponsabilidad. Nadie está exento de cometer errores, por lo cual significa que se debe dejar el orgullo a un lado y pedir disculpas por el bien, la armonía y la convivencia de la familia.

11. CONSEJERIA DE HIJOS: Los padres deben tomar el tiempo para preguntarle a los hijos

A.   ¿De qué forma podrían ser mejores para ellos?

B.   ¿Qué es lo que necesitan trabajar como padres?

C.   ¿Qué es lo que no les gusta de ellos como padres?

D.   ¿Cuáles quejas tienen como hijos para sus padres?

E.   ¿En qué fallaron como padres en la semana?

F.   ¿Cómo hijos, que les gustaría que cambiaran sus padres?

PADRE: Apunta en alguna libreta las sugerencias y quejas de los hijos, para que los puedan corregir y puedan tomar acción en los problemas.

Enseñanza de la Semana: Los padres deben tener una enseñanza de algo que hayan aprendido o observado durante la semana, que pueda ser útil o de gran ayuda para sus hijos. El propósito es traer sabiduría y conocimiento a los hijos por medio de la experiencia.

Lean Deuteronomio 6: 4-9

ORACIÓN RÁPIDA: Los padres e hijos deben hacer una oración dando gracias a Dios por ayudarles a entender la situación como familia, por su ayuda en resolver sus problemas y traer sanidad y liberación espiritual, emocional y física a sus vidas. Que Dios los cuide, los guarde y bendiga sus vidas, por donde vayan y por donde anden. Este es el momento para bendecir a los hijos y demostrarles amor y afecto fraternal y los hijos hacia los padres.

Recuerda siempre: El propósito de esta actividad es que la familia:

Sea transparente

Pueda arreglar diferencias

Pueda perdonarse

Pueda solucionar dudas y quejas

Se acuerde que antes que todo el mundo está Dios y la familia.

Capítulo 13

De puños a espadas

Si alguien dice: «Amo a Dios», pero odia a
otro creyente, esa persona es mentirosa
pues, si no amamos a quienes podemos ver,
¿cómo vamos a amar a Dios, a quien no
podemos ver?

1 Juan 4:20

Si alguien dice: «Amo a Dios», pero odia a otro creyente, esa persona es mentirosa pues, si no amamos a quienes podemos ver, ¿cómo vamos a amar a Dios, a quien no podemos ver? (1 Juan 4:20 NTV)

El libro de los principios tiene muchas historias interesantes que nos hace vernos en un espejo con nuestra propia vida y familia, dentro de ellas vemos la vida de Adán, Noe, Abraham, Isaac, Jacob y sus familias. Fueron los patriarcas con los que Dios trabajó y demostró su misericordia constantemente, para que pudiéramos ver con los diferentes estilos de vida de que cada quien tiene su perspectiva y su experiencia con Dios.

Con esto quiero decir que, tanto Noé como Abraham, Isaac y Jacob tuvieron una experiencia diferente a pesar de que fueran familia descendiente. Abraham fue el amigo de Dios, Isaac, fue la promesa cumplida, y Jacob fue el que engendró a las doce tribus de Israel, por la cual vendría el remanente, y Salvador del mundo.

Antes de que la historia pudiera continuar, Jacob estaba luchando en su vida con la esposa con la que él tanto amaba. Jacob obtuvo una larga trayectoria que contar. Desde la traición a su hermano hasta la casa de su tío/suegro, estaba batallando constantemente en su vida. Jacob se enamoró de una bella mujer la cual impactó su vida, desde la primera vez que él la miró, nos dice la Biblia que lloró cuando vio a Raquel. Desde ese momento Jacob se dispuso a trabajar y luchar por ella, tuvo un acuerdo con Laban y trabajó catorce años para poderla conseguir. Después de un tiempo, Jacob tuvo un obstáculo en su vida con Raquel, no podía tener hijos....

Había trabajado catorce largos años para que Jacob descubriera que a lo que él tanto tiempo le dedicó esfuerzo, sacrificio y dedicación, iba a convertirse en uno de sus obstáculos más frustrantes. La Biblia no detalla con exactitud, pero usando nuestra mente, podemos imaginar que Jacob intentó por muchos, muchos años tener hijos con Raquel, pero no había respuesta. Raquel por desesperación incitó a Jacob a que se acostara con su sierva, para que pudiera sentir la satisfacción de ser madre, aunque fuera así, ella aun así seguía con el mismo vacío dentro de su sentir. Despúes de mucho tiempo, Raquel obtuvo respuesta a sus oraciones, Dios tuvo misericordia y le permitió concebir a su primer hijo llamado José.

José fue un joven ejemplar que pasó por muchos obstáculos en su vida, desde su nacimiento, crecimiento y maduración como adulto. Tuvo que enfrentar muchos obstáculos para poder ver sus sueños cumplidos. La Biblia nos relata que sus hermanos tenían envidia y celos de él, porque era amado por su padre. No entendían lo que estaba experimentando Jacob, tener tiempo y dedicarse al hijo de la mujer por la cual él tanto trabajó y amaba. Sin embargo los celos de los hermanos de José fueron suficientes para que estructuraran un plan de desprendimiento emocional de su padre. José solo entendía que su padre lo amaba y lo quería por encima de otras cosas, aun puedo imaginar que José era el que resaltaba cuando habían acontecimientos en su vida diaria, por el simple hecho de que Jacob siempre estaba con él. Llegó un día en el que José estando en labores familiares fue con sus hermanos a observar cómo trabajaban y cómo atendían el rebaño de su padre, solo que esto no les gusto.

Muchas de las veces en la vida, los padres imponen autoridad sobre los hijos para que puedan ejercer sus encargos, sin embargo, los demás hijos no siempre están de acuerdo, y esto puede ser un problema para la familia, porque donde hay desacuerdos hay desunión, con el paso del tiempo se convierte en una familia disfuncional. Esto debe ser un fundamento que cada padre debe de tomar en cuenta, que las familias disfuncionales no nacen de la noche a la mañana.

Las familias disfuncionales son el resultado final de una familia que no vio las banderas rojas de malas actitudes, comportamientos innecesarios, y la práctica de habitualmente estar ignorando todo lo que parece que no es importante. En realidad cada padre debe entender que cualquier gota que repetidamente golpea la roca tarde o temprano terminará haciendo un agujero que perfora la roca y podría debilitarlo al punto de partirlo en dos.

No se pueden permitir el paso de las ofensas y los malos comportamientos, debe haber una corrección al instante de las ofensas y agresiones intrafamiliares. Los hermanos de José no actuaron en contra de su hermano cuando nació, sino cuando ya tenía 17 años de edad, es decir, por 17 años sus hermanos incubaron un celo y un enojo en contra de su hermano, quien había sido el primer hijo de Raquel. Si Jacob hubiera identificado su mal hábito de solo concentrarse en José y no de los demás quizás su hijo no hubiera sufrido la traición de sus hermanos, pero la misericordia de Dios es tan grande que cuando los padres se equivocan, Él torna las equivocaciones en propósitos.

Si tu hijo está en un estado emocional y espiritualmente decaído déjame decirte que las equivocaciones que tu has cometido, Dios trabajará en ellos para que entiendan que tus errores fueron convertidos en propósitos, para que ellos entendieran el verdadero significado de la vida y la reconciliación de los padres hacia los hijos y viceversa.

No es tarde aun para que tus hijos regresen a ser personas de bien, no es tarde para que tus hijos sean rescatados. Tus equivocaciones aún tienen arreglo, solo debes ponerlos en las manos de Dios y Él se encargará de instruirte y enseñarte por medio de las palabras de tus hijos lo que debes hacer, para poder ayudarlo a que sane su corazón y su alma.

Dios quiere que tú arregles los daños que has ocasionado dentro de tu círculo familiar. Tus hijos necesitan que te des cuenta que les has fallado como padre, como maestro, consejero, guía, héroe. Si has estado batallando mucho tiempo con tus hijos, necesitas entender que ellos solo son el resultado de una equivocación que alguna vez en tu vida hiciste por un enojo, un coraje, una mala decisión, o simplemente por descuido.

La palabra de Dios dice claramente: *"El que siembra escasamente, también segará escasamente; y el que siembra generosamente, generosamente también segará (2 Corintios 9:6 RVR1960).*

Es probable que tus hijos han estado por mucho tiempo escasos de amor, afecto, cariño, comprensión, palabras motivadoras, entendimiento paternal de tu parte. Es probable que por eso has estado batallando demasiado con las actitudes, comportamientos, respuestas e insultos dañinos. Es necesario que entiendas que esto no parará hasta que tu como padre pongas un alto a esta cadena que se reproduce automáticamente con sucesos y eventos del pasado.

Debes preguntarte

1.   ¿Quiero que mi familia se destruya hasta quedar en ruinas?

2.   ¿Qué quiero para mi familia?

3.   ¿Hacia dónde se dirige mi familia?

¡Basta ya, de estar peleando los unos con los otros! ¡Basta ya, de estar discutiendo por cualquier cosa! ¡Basta ya, de estar discutiendo como niños inmaduros! ¡Basta ya, de prestarle los hijos al diablo!

¡Basta ya, de entregarle los hijos a la perdición por ser padres irresponsables!

¡Basta ya, de odiar por nada!

¡Basta ya, de ser amigo del diablo y no de Dios! Dios no necesita boxeadores que practiquen con sus familiares, necesita guerreros que peleen en contra del verdadero enemigo que es la sociedad, las influencias malas de este mundo que solo conduce a las drogas, al alcohol, a la pornografía, al narcotráfico, a la prostitución, a la perdición de este mundo.

¡Basta ya, de estar peleando por diferentes puntos de vista¡ Mejor enfoquemos nuestra vista en Dios, hay que pelear en contra de todos lo que detienen que tus hijos sean salvos.

De nada sirve ganarse a todo el mundo y perder a tu familia.

De nada sirve impactar las generaciones si tu familia nunca fue impactada.

De nada sirve ganar toda la fama del mundo si la familia se pierde.

Deja de estar peleando con tu familia, deja de estar desmantelándola. Deja de estar discutiendo por cosas que no tienen sentido. Deja de permitir que el enemigo use tus manos, tu boca, y tus acciones para herir a tu pareja, tus hijos, tus nietos, y tus descendientes. Deja de estar pensando que todo el mundo es tu enemigo. Tu primer enemigo en este mundo ¡eres tú!

Un predicador no tiene sentido si su vida no es impregnada por la Palabra de Dios. Primeramente tienes que dejar que la Palabra de Dios llene tu corazón, tu alma y tu espíritu. Debes dejar que el espíritu de Dios te guíe a toda justicia y a toda verdad.

Usa esos puños para sostenerte firme de la espada que derrota a toda hueste de maldad.

Cambia tus puños físicos por una espada de doble filo, para que cuando el enemigo quiera influenciar y atacar a tus hijos, tu familia con palabras de engaño y confusión puedas hablar de la misma manera que Jesús lo hizo en el monte de la tentación.

¡Cambia tus puños por la espada de la Palabra para defender a tu familia!

¡Cambia tus puños por la paz de tu familia!

¡Cambia tus puños por el amor de tu familia!

¡Cambia tus puños por la armonía de tu pareja!

¡Cambia tus puños por el crecimiento en la palabra!

¡Cambia tus puños por la dirección de Dios, no seas un Jonás! ¡Sé un Samuel!

¡Cambia tus puños por la armonía de tus hijos¡

¡Cambia tus puños por la verdad!

Testimonio

Daniel Becerra creció dentro de una familia que todo lo tenía, pero con el tiempo terminó siendo una familia totalmente disfuncional. Daniel pensó que al terminar su familia se terminaba su ministerio, su llamado, su legado y todo por lo que había trabajado arduamente desde su niñez. Tuvo problemas con su padres, y con sus hermanos, hasta que un día se cansó de estar peleando por nada.

Daniel decidió ser diferente y ayudar a las demás familias. Decidió que él no iba a permitir que la derrota de su familia lo influenciara para nunca jamás hacer nada por Dios. El decidió que mientras él tuviera vida, salud y a Dios él iba a romper esa maldición generacional de su familia de nunca sobresalir. El decidió ayudar a jóvenes, pastores, ministros y a toda clase de persona que necesitara de Dios.

Si un joven que viene de una familia disfuncional puede hacer el impacto para muchos jóvenes y muchas familias, tú también puedes hacer la diferencia en tu familia. Tú también puedes cambiar de barco y cambiar la dirección hacia donde se dirige tu familia, ¡no te quedes! ¡No te estanques! ¡Lucha y pelea contra todo! La batalla tarde o temprano la ganarás y en el nombre de Jesús tu familia será bendecida y bendita por la sangre de aquel que dio su vida para que tú y yo pudiéramos alcanzar la misericordia y el amor eterno que nos ofrece el Padre celestial todos los días de nuestra vidas.

Amado, yo deseo que tú seas prosperado en todas las cosas, y que tengas salud, así como prospera tu alma (**3 Juan 1:2 RVR1960**).

NOTAS

Capítulo 1

1. https://dle.rae.es/exasperar

Capítulo3

2. https://cimacnoticias.com.mx/noticia/fracasa-la-educacion-sexual-en-méxico-revela-encuesta/

Capítulo 6

1. https://www.mhanational.org/lista-de-verificacion-de-los-senales-de-la-depresion

2. https://www.healthline.com/health/es/sintomas-de-ansiedad#2.-Sentimientos-de-agitación

3. https://ifightdepression.com/es/for-all/signs-and-symptoms
    Capitulo 7

Capítulo 8

1. https://dle.rae.es/arte

2. https://dle.rae.es/paciencia?m=form

3. https://dle.rae.es/poder?m=form

4. https://www.biblegateway.com/passage/?search=Hechos+1 &versi

5. https://www.biblegateway.com/passage/?search=Santiago %203&version=NTVon=NTV

6. https://frasesbuenas.net/lo-que-alimentas-dentro/

7. https://www.biblegateway.com/passage/?search=Romanos +12 &version=NTV

8. https://www.biblegateway.com/passage/?search=Galatas+5 &ve rsion=NTV

9. https://www.biblegateway.com/passage/?search=Mateo+1 6%3 A24&version=NTV

10. https://espanol.womenshealth.gov/relationships-and-safety/domestic-violence/effects-domestic-violence-children (Los materiales en estas páginas no tienen restricciones por derecho de autor y se pueden copiar, reproducir o duplicar sin permiso de la Oficina para la Salud de la Mujer en el Departamento de Salud y Servicios Humanos de EE.UU)

Capítulo 9

https://definiciona.com/productivo/
http://etimologias.dechile.net/?productivo

Capítulo 11

https://definicion.de/regano/https://www.biblegateway.com/passage/?search=Salmos+127&version= RVR1960

Capítulo 12

https://www.biblegateway.com/passage/?search=Salmos+127&version= RVR1960

Capítulo 13

1 Juan 4:20 (NTV)

Bibliografía

Google.com

cimacnoticias.com.mx

rae.es (Real Academia Española)

www.biblegateway.com

www.mhanational.org

www.healthline.com

ifightdepression.com

frasesbuenas.net

espanol.womenshealth.gov

SOBRE EL AUTOR

Daniel J. Becerra es conferencista, salmista, pastor, y compositor estadounidense que le apasiona ver las almas transformadas por medio del mensaje de Jesús. Un joven que creció en el evangelio, ha dedicado su vida al ministerio trabajando en diferentes áreas de la iglesia como líder de jóvenes, líder de adoración, supervisor del liderazgo en las Iglesias que ha levantado junto con su padre. Su ministerio lo ha llevado a tener relaciones extensas con autores y conferencistas importantes en el campo del ministerio, que de igual manera han dedicado su vida y están siendo parte del nuevo avivamiento de la iglesia. Su pasión y dedicación es ver almas salvas, familias restauradas y una nueva generación de jóvenes resurgiendo y cumpliendo su llamado.

Tiene una carga hacia los jóvenes e hijos de pastores que han sido lastimados en el pasado y quieren un cambio en sus vidas. Su mayor anhelo es ser un instrumento usado por Dios para traer de regreso a todo aquel que se ha extraviado y se ha alejado de los caminos de Dios para que vuelvan al camino de la paz y la salvación.

Correo electrónico: **becerradaniel22@gmail.com**

Facebook e Instagram: Daniel J. Becerra

9 798869 301673